埼玉県 歴史の舞台

凝灰質砂岩の岩山斜面に多数の穴が開いている吉見百穴（吉見町）。現在確認できる横穴の数は219基ある。古墳時代末期（６世紀末～７世紀末）の横穴墓群の遺跡で、明治20年（1887）に東京帝大の坪井正五郎によって発掘された。大正12年（1923）年、国の史跡指定を受けている。遺跡の地下には第二次世界大戦末期に作られた、軍需工場の跡も残っている。

氷川神社（さいたま市大宮区）。須佐之男命・奇稲田姫命・大己貴命を祀り、孝昭天皇３年（紀元前473）創建という武蔵国一の宮。武蔵を中心に200社以上も分布する氷川神社の総本社である。古代末から武蔵武士団の崇敬を集め、源氏の棟梁・源頼朝も社殿を再建している。

若小玉古墳群にある八幡山古墳（右上。行田市藤原町）**とそのすぐ南西に位置する埼玉（さきたま）古墳群の稲荷山古墳**（行田市埼玉）。七世紀中期の築造とされる八幡山古墳は、飛鳥の石舞台古墳のように石室が露出しているため、「関東の石舞台」とも呼ばれる。埼玉古墳群は九基の大型古墳からなる埼玉県を代表する古墳。五世紀後半築造の稲荷山古墳からは昭和四十三年の発掘調査で、金錯銘鉄剣などが出土し、大きな話題となった。

野上下郷石塔婆（長瀞町野上下郷。長瀞町観光協会提供）。「応安二年己酉十月日」の銘が刻まれており、室町時代に仲山城主・阿仁和直家の妻芳野御前が討死した夫の十三回忌に城跡に建立したもの。高さ五・三五メートル、幅一・二メートル、厚さ一二センチもある日本最大の板碑（緑泥片岩）で昭和三年（一九二八）、国の史跡指定を受けている。

東明寺境内に立つ「川越夜戦跡」碑（川越市志多町）。天文14年（1545）、北条方に奪われた河越城を奪還すべく、扇谷・山内両上杉氏と古河公方の連合軍が城を包囲した。これを救援した北条氏康軍と翌年４月20日夜半に交戦し、連合軍が大敗を喫した。「日本三大夜戦」の１つに喧伝されるが、謎も多い戦いである。

水見沼通船堀東縁水門の一の関にある開門作業風景（上）**と通船実演**（さいたま市緑区。さいたま市教育委員会提供）。見沼代用水（東縁、西縁）と芝川とを結ぶ閘門（こうもん）式運河である。享保16年（1731）に作られた。同形式のパナマ運河より200年近く早い。江戸後期から明治時代に内陸水運（見沼通船）に活躍。昭和57年（1982）、国の史跡に指定されている。

川越城本丸御殿（川越市）。長禄元年（1457）に太田道真・道灌親子が築城したとされる。江戸時代には、「老中の城」の１つとなり、川越藩の藩庁が置かれた。現存の御殿建築は藩主・松平斉典（なりつね）が幕末の嘉永元年（1848）に建てたもので、17万石の風格を今に伝えている。

日本煉瓦工場の外観（上）**とホフマン六号窯内部**（深谷市上敷免）。日本煉瓦工場は明治20年（1887）に渋沢栄一らによって設立された日本煉瓦製造の工場として埼玉県榛沢郡上敷免村（現深谷市）に建設された。工場には生産量を確保するためドイツから近代的なホフマン輪窯が導入された。東京駅や日本銀行旧館などに同工場のレンガが使われている。平成９年（1997)、近代化遺産として国の重要文化財指定を受けている。

歴史新書

あなたの知らない埼玉県の歴史

監修 山本博文

Yamamoto Hirofumi

洋泉社

はじめに

山本博文

埼玉県は、東京都、神奈川県北部とともに武蔵《むさし》国を構成していた。古い遺跡が多いことで有名で、行田《ぎょうだ》市の稲荷山《いなりやま》古墳から出土した「ワカタケル大王」の銘のある鉄剣は、五世紀後半のヤマト王権と東国の関係を示す一級資料である。また比企《ひき》郡吉見町《よしみまち》の吉見百穴《よしみひゃくあな》は、古墳時代を考える上で重要な遺跡となっている。

中世に入ると、多くの武士団が出現するが、鎌倉幕府の成立後は中心を鎌倉に譲り、周辺地域となった。室町幕府の時代には、関東管領《かんれい》の扇谷《おうぎがやつ》上杉氏が河越《かわごえ》城を根拠とするが、戦国時代後期には北条《ほうじょう》氏の勢力に押され滅亡し、北条氏の支城が埼玉県各地に作られる。

徳川家康の江戸入府以後は、首都である江戸を守る拠点となる川越《かわごえ》、忍《おし》、岩槻《いわつき》には城が置かれ、幕府の閣僚である老中《ろうじゅう》の居城とされた。巨大消費地である江戸に隣接していることから商業や農業は盛んになった。また、中山道《なかせんどう》や日光街道《にっこうかいどう》の宿場《しゅくば》が置かれて栄えたため、埼玉県内の町場は繁栄し、人口も多かった。

近代には、大宮《おおみや》県、川越県、忍県、岩槻県の四県が成立し、いくつかの変遷をたどって明治九年（一八七六）に現在の埼玉県が成立した。ただし中心となる町がなく、高度経済成長時代をすぎても五十万人都市ができなかった。平成十三年（二〇〇一）に浦《うら》和《わ》市、大宮市、与野《よの》市が合併してさいたま市となり、同十五年には政令指定都市に移行した。

こうした経緯からか、埼玉県は県を構成するそれぞれの地域の繁栄の割には歴史にあまり取り上げられない影の薄い県となっている。また、埼玉県南部は東京のベッドタウンの性格が強く、県に対する帰属意識の希薄さでは、四十七都道府県の中で一、二を争うのではないかと思われる。

しかし、川越市は、城下町の雰囲気を残す「小江戸《こえど》」として人気の旧城下町であり、行田市の忍城も石田三成《いしだみつなり》の水攻めで有名である。新河岸《しんがし》川の舟運の跡や中山道沿いの宿場町の跡など、本書をきっかけに、自分の住む地域の歴史を改めて見直してほしい。

あなたの知らない 埼玉県の歴史――

［目次］

はじめに　山本博文　3

【第1章】　埼玉県の古代

時代をよむ　武蔵国造の時代から「武蔵七党」の時代へ　14

【第2章】　埼玉県の鎌倉・室町時代

時代をよむ　武蔵武士の栄枯盛衰　46

【第3章】埼玉県の戦国時代

【第4章】埼玉県の江戸時代

時代をよむ 天領・旗本領と四つの藩があった江戸時代 112

【第5章】埼玉県の近代

上野道
利根川
中道
(奥大道)
埼玉古墳群
(二子山古墳・丸墓山古墳
稲荷山古墳)
忍城の戦い
熊谷
忍城
大里郡
吹上
寺谷廃寺跡
栗崎
日光街道
奥州街道
埼玉郡
幸手
若小玉古墳群
(八幡山古墳・
地蔵塚古墳)
鴻巣
杉戸
横見郡
吉見百穴
松山城
桶川
日光御成
街道
春日部
上尾
河越夜戦
岩槻
岩槻城
河越城
喜多院
氷川神社
大宮
川越
高麗郡
霞ヶ関遺跡
越谷
難波田城
大門
大井
浦和
足立郡
見沼通船堀
草加
蕨
東の上遺跡
川口
膝折
白子
平林寺
新座郡
(新羅郡)
所沢
小手指原の戦い
(1333 年)
小手指原の戦い
(1352 年)
…郡境
…合戦
…城跡
…戦争(銃火器が主)
…街道
…テロ・暗殺
…主な町
…一揆・打ち壊し
…名所・史跡
…異国船来襲
…現在の県境
…その他(処刑、改易など)

埼玉県歴史MAP

神流川の戦い
備前堀(渠)
中山道
加美郡
本庄
岡部
幡羅郡
深谷
榛沢郡
金鑽神社
児玉郡
明和伝馬騒動
寄居
男衾郡
馬騎の内廃寺跡
野上
鉢形
鉢形城
杉山城
比企郡
慈光寺
菅谷館
秩父郡
秩父神社
秩父
影森
上道
大滝
秩父道
武甲山
正丸峠
三峯神社
妻坂峠
吾野
高麗神社
雁坂峠
秩父甲州道
飯能
秩父道

第1章

埼玉県の古代

八幡山古墳の石室内部（行田市）

武蔵国造の時代から「武蔵七党」の時代へ

稲作農業が始まり食糧の備蓄ができると、人間の生活に余裕が生じ、文化も発展していく。同時に格差も生まれ、ムラやクニ同士の戦いも起きた。中国の歴史書が「倭国大乱」と書いたように、日本の二世紀、弥生時代は戦争の時代でもあった。

三世紀後半から四世紀にかけて大和《やまと》地方に巨大勢力が登場する。彼らヤマト王権の大王や豪族たちが近畿や瀬戸内海沿岸に自分たちの墓として造りはじめたのが、巨大な前方後円墳《ぜんぽうこうえんふん》だった。同形態の古墳が各地で造られるのは六世紀。そのことは、五世紀までにヤマト王権の支配が九州から関東にまで及んだことを意味する。

埼玉県は、関東の北武蔵《むさし》に相当する。六世紀、武蔵地域では国造《くにのみやつこ》の地位をめぐる争いが起きたようだ。『日本書紀』によれば、北武蔵の勢力が南武蔵の勢力を打倒し、この「武蔵国造の乱」に勝利。自らの勢力圏の埼玉《さきたま》地域に大型の古墳群を築いている。

七世紀半ばにはヤマト王権のなかで国家改造が行われ、中央集権体制が整えられていく。武蔵地域にも「武蔵国」が置かれた。

『和名類聚抄《わみょうるいじゅしょう》』によれば、武蔵国は多摩《たま》・荏原《えばら》・豊嶋《としま》・足立《あだち》・新羅《しらぎ》・児玉《こだま》・秩父《ちちぶ》・大《おお》里《さと》・入間《いるま》・賀美《かみ》・横見《よこみ》・埼玉《さきたま》・高麗《こま》・比企《ひき》・男衾《おぶすま》・幡羅《はら》・榛沢《はんざわ》・那珂《なか》・久良岐《くらき》・都《つ》筑《づき》・橘樹《たちばな》の二十一郡が置かれ、このうち多摩・荏原・豊嶋・久良岐・都筑・橘樹以外の十五郡が埼玉県域に位置する。新羅郡と高麗郡、そして幡羅郡も、新たな地域開発のため朝鮮半島からの渡来系氏族を集団移住させて作った郡だった。

平安期には律令《りつりょう》の公地公民《こうちこうみん》制は崩れ、国司《こくし》や郡司《ぐんじ》のなかには所領を中央の権門勢家《けんもんせいけ》に寄進し土地の権利を守るものが出現。各地に荘園が開かれた。その過程で地方政治は混乱し、九世紀の武蔵国は「凶猾《きょうかつ》党を成し、群盗《ぐんとう》山に満つ」状態に突入。各地に武装した武士団を生む。「武蔵七党《しちとう》」と呼ばれた多くの武士団が北武蔵を根拠地とした。

十二世紀末の源頼朝《みなもとのよりとも》の挙兵では、一度は平氏に敗れ房総で再挙した頼朝を畠山《はたけやま》氏、河越氏ら武蔵武士団が支持。つまり武蔵国は頼朝の支配下に入り、頼朝も彼らの所領を安堵する。こうして武蔵国はやがて源氏の幕府を支える拠点として、中世に突入する。

Q1

なぜ埼玉県は「武蔵国」と呼ばれていたのか？

埼玉県ほぼ全域と東京都の大部分、それに川崎市と横浜市あたりを加えた一都二県に及ぶ地域が、かつての「武蔵《むさし》国」だ。南に隣接する「相模《さがみ》国」と元は一つだったのが、分かれたとされる。その語源について賀茂真淵《かものまぶち》は「身狭《むさ》」が「身狭上《むさがみ》」(↓さがみ)と「身狭下《むさしも》」(↓むさし)となったという解釈を示しているが、定説ではない。

ヤマト王権はその支配領域を広げるにあたり、抵抗する首長は討滅してそこに新たに統治者を派遣し、服従した首長には支配権を承認した。それが国造《くにのみやつこ》であり、ヤマト王権は五世紀までに東国を支配下に収めたが、『国造本紀《こくぞうほんぎ》』によれば今の埼玉県域には「知々夫《ちちぶ》国造」と「无邪志《むざし》国造」が置かれ、「胸刺《むなさし》国造」の名も見られる。

六世紀の武蔵……『日本書紀』安閑《あんかん》天皇元年(五三四)の項によれば、笠原直《かさはらのあたい》使主《おみ》と同族の笠原直小杵《おき》が国造の地位をめぐって争ったという。小杵は北関東の上毛野君小《かみつけぬのきみお》熊《ぐま》と連携して使主を殺そうとし、逆に使主はヤマト王権の力を借りて小杵を滅ぼした。この「武蔵国造の乱」の結果、使主は横渟《よこぬ》（埼玉県吉見町《よしみまち》と東松山市あたり）、橘花《たちばな》（川崎市と横浜市の東北）、多氷《たひ》（多摩地域）、倉樔《くらす》（横浜市南部）の四か所を、屯倉《みやけ》としてヤマト王権に献上した、とされる。横渟以外は小杵の支配地域と考えられる。

六世紀は関東各地に大型古墳が築かれた時期だが、東京都域にはそれが見られない。大型古墳が築かれるのは主に北武蔵の埼玉《さきたま》古墳群の地域で、今の鴻巣《こうのす》市笠原《かさはら》から行田《ぎょうだ》市埼玉にかけての「埼玉郡笠原郷」がその中心だ。『国造本紀』に「无邪志」と「胸刺」の二つの「むさし」の記述があるのも「国造の乱」という武蔵の内部分裂のためで、その結果、武蔵は上毛野国とヤマト王権の介入を許し、中央と結んだ北武蔵の勢力が生き延び、ただ勝利の代償として南武蔵の多摩川流域をヤマトに収公された――『日本書紀』と考古学の成果を照らし合わせると、そういう展開が見える。

七世紀の「大化の改新」で武蔵は「武蔵国」一国となる。中央から国司《こくし》が派遣され、「国造の乱」で大王家に献上された南武蔵の地に国府《こくふ》が置かれた。今の東京都府中《ふちゅう》市。埼玉とすれば、武蔵の〝首都〟を東京に取り戻された――と、いえなくもない。

Q2 稲荷山古墳出土の鉄剣で何がわかったのか？

稲荷山《いなりやま》古墳(行田《ぎょうだ》市)出土の鉄剣に「辛亥《しんがい》年七月中記」で始まる金錯銘文《きんさくめいぶん》が発見され、「百年に一度の考古学的発見」と騒がれたのは昭和五十三年(一九七八)だった。

鉄剣には、表面に「辛亥の年七月中に記す。乎獲得《おわけ》居の臣、上祖《かみつおや》の名は意富比垝《おほひこ》、其《そ》の児多加利足尼《たかりのすくね》、其の児、名は弖己加利獲居《てよかりのわけ》、其の児、名は多加披次獲居《たかはしのわけ》、其《そ》の児、名は多沙鬼獲居《たさきのわけ》、其の児名は半弖比《はてひ》」とあり、裏に続いて「其の児、名は加差披余《かさはよ》、其の児、名は乎獲居《をわけ》の臣、世々杖刀人《じょうとうじん》の首《おびと》と為《な》り、奉事し来り今に至る。獲加多支鹵《わかたけるの》大王《おおきみ》の寺、斯鬼《しき》の宮に在る時、吾、天下を左治す。此の百練利刀を作らしめ、吾が奉事の根原を記す也《なり》」と記す。ようは「我がヲワケの家は八代にわたって大王《おおきみ》に仕えてきたが、ワカタケル大王の天下統治を補佐したので、この刀を作り来歴を記した」ということ。「杖刀人」は武人を意味し、大王の親衛隊隊長だった勲を誇っているのだ。

ワカタケル大王は、『古事記』に「大長谷若健《おおはつせのわかたける》」、『日本書紀』に「大泊瀬幼武《おおはつせのわかたける》」と書かれた雄略《ゆうりゃく》天皇だろう。『宋書《そうしょ》』「倭国伝」には「武」として登場する。その「武」が四七八年に宋に送った上表文には、「昔より祖禰《そでい》自ら甲冑を擐《つらぬ》き山川を跋渉して寧《ねい》処《しょ》に遑《いとま》あらず。東は毛人《えみし》を征すること五十五国、西は衆夷を服すること六十六国……」とあり、鉄剣の干支「辛亥年」も四七一年説がとられている。金錯銘鉄剣は、『記紀』成立の二百五十年も前の、五世紀のヤマトと東国の関係を知る第一級史料なのだ。

銘文解読によって、それまで明確でなかった江田船山古墳《えたふなやま》（熊本県玉名郡和水町《たまななごみまち》）出土の鉄刀の銀象嵌《ぞうがん》銘にある「獲□□□鹵大王」もワカタケル大王とする説が有力になり、雄略時代のヤマト王権の支配が北関東から九州にも及んでいたことがわかった。

稲荷山古墳のある埼玉《さきたま》古墳群の地は、ヤマト王権の支配下に入った東国の核ともいえる地域だった。そこを支配したと考えられるヲワケの一族を、もともとヤマト政権下の有力豪族が東国支配のため派遣されて土着し繁栄した――とする説がある。また、ワカタケルいうところの「毛人」「五十五国」の首長の一つであり、服属した忠誠の意を表すため子弟を大王親衛隊に出仕させた国造《くにのみやつこ》だった――と見る説もある。

Q3 吉見百穴は墓なのか？ それともコロボックルの住居だったのか？

比企《ひき》丘陵の支脈ともいえる吉見《よしみ》丘陵。その先端部、市野川《いちのかわ》に面した急斜面に吉見百《ひゃく》穴《あな》はある。蜂の巣状に無数の穴が口を開ける〝奇観〟だ。「不思議な穴」としての存在は古くから知られていて、文化文政《ぶんかぶんせい》期の『新編武蔵風土記稿《しんぺんむさしふどきこう》』にも記載されている。

現在、正確に数えられる穴は二百二十二基あるという。穴は高さ一・五メートル、幅一メートル、奥行き一メートルほどの羨道《せんどう》と、その奥に玄室《げんしつ》がある。

明治二十年（一八八七）、東京帝国大学の学生だった坪井正五郎《つぼいしょうごろう》によって正式な発掘調査が行われ、同年の『人類学雑誌』に坪井は「穴居《けっきょ》」として発表した。アイヌの伝説に出てくる先住民族「コロボックル（小人族）」の住居跡であり、住居が後に墓に転用されたと主張したのだ。

これに対し、最初から墓として造られたとする「墓穴説」が出され、大論争が昭和初年まで続いた。論争は古代社会のあり方をめぐる論議に発展し、揺籃期の日本考古学を刺激。吉見百穴は広く認知されたし、坪井正五郎も「日本考古学生みの親」と称されるに至る。明治二十四年(一八九一)に訪れた正岡子規《まさおかしき》は「神の代はかくもありけん冬籠《ふゆごも》り」と詠んだのだから、彼も住居と考えたのだろう。

論争から一世紀を経て、今では「穴居説」は支持されていない。古墳時代後期の六世紀末から七世紀にかけて造られた横穴墓群であるといわれている。

六世紀後半には吉見丘陵周辺に横渟屯倉《よこぬみやけ》というヤマト王権の直轄領が置かれ、その管理者として壬生吉志《みぶきし》氏という渡来系氏族が摂津《せっつ》から移住してきている。ほぼ一世紀の間だけここで造られ続けて消えた横穴墓群は、壬生吉志氏がこの地に持ち込んだ新しい墓制なのだろう。吉見百穴以外にも吉見丘陵周辺には黒岩横穴墓群《くろいわよこあなぼぐん》、天神山《てんじんやま》横穴墓群など横穴が多く見られる。黒岩横穴墓群の発掘が明治十年(一八七七)で、このとき十六基の横穴を確認。「十六穴」と呼ばれ、翌年、大森貝塚(東京都大田区)を発見したことで有名なエドワード・モースが訪れて比企の「不思議な穴」への関心が高まり、吉見百穴発掘の契機になったのだ。

Q4 「関東の石舞台」と呼ばれる八幡山古墳とは？

工業団地のなかにある八幡山《はちまんやま》古墳（行田《ぎょうだ》市）は、埼玉《さきたま》古墳群から北に二キロメートルほどのところに位置する。このあたりはもともと十数基の古墳からなる若小玉《わかこだま》古墳群だったが、今は八幡山ともう一つ、方墳《ほうふん》の地蔵塚《じぞうづか》古墳の二基が残るのみだ。

八幡山古墳の推定直径は、七四メートル。この巨大円墳《えんぷん》も、昭和九年（一九三四）に付近の沼を干拓するため墳丘を削平《さくへい》してしまっている。墳丘除去工事で露出したのは巨大な横穴式石室《よこあなしきせきしつ》（推定全長一六・七七メートル、奥壁幅四・八メートル、天井高三・一五メートル）だった。「前室《ぜんしつ》」「中室《ちゅうしつ》」「後室《こうしつ》」の複室構造。天井石に使われたのは一枚十数トンの板石で、関東地方最大の石室規模である。奈良県明日香村の有名な「蘇我馬子の墓」とされる石舞台古墳が、巨大な石室が同じように露出しているため、この八幡山古墳は「関東の石舞台《いしぶたい》」と呼ばれる。

石室の復原事業にともなう発掘調査は昭和五十五年（一九八〇）に行われ、中室から出土した乾湿棺片《かんしつかんへん》が注目された。これは絹布《けんぷ》と漆を交互に繰り返し塗り重ねて固めて作った「夾紵棺《きょうちょかん》」と呼ばれるもので、畿内でも大王家の一族クラスなど特定の階層の人物の墓とされる古墳からだけ出土するものだったからだ。

石室の巨大さは、八幡山古墳の被葬者が埼玉古墳群終焉後の新興豪族であることを想像させたが、夾紵棺の発見はさらに被葬者の中央政権との親密な関係を思わせた。

若小玉古墳群が形成されるのは、埼玉古墳群で古墳が造られなくなる七世紀中頃だ。同時期に畿内では、「大化の改新」によって、大王を盟主とする豪族の連合政権が天皇中心の中央集権体制へと国家としての変質を遂げようとしていた。

十一世紀の半ば――七世紀から三百年も経過しているが――に書かれた『聖徳太子伝暦《しょうとくたいしでんりゃく》』に、物部連兄麻呂《もののべのむらじえまろ》という人物が癸巳年《みずのとみ》（六三三）に武蔵国造《むさしのくにのみやつこ》に任命された、と書かれてある。国造笠原《かさはら》氏にとって代わり中央の豪族が大きな力を保持したことが垣間見える。石舞台古墳が方墳《ほうふん》なのに対し、円墳である八幡山古墳には、あるいは物部の一族が眠りについたのかもしれない。

Q5

なぜ埼玉県に「高麗郡」「新羅郡」があるのか？

六六〇年、百済《くだら》は唐《とう》・新羅《しらぎ》連合に攻め滅ぼされた。六六八年には高句麗《こうくり》が、やはり唐・新羅連合軍の攻撃の前に滅亡する。混乱する朝鮮半島からは多くの官民が海を渡って倭国（日本）に雪崩れ込む。天智《てんじ》朝は彼らを東国など各地に移す措置を取った。

天智五年（六六六）、百済の男女二千余人を東国に移した。天武《てんむ》十三年（六八四）に百済の僧尼《そうに》以下二十三人を武蔵《むさし》国に移し、持統《じとう》朝でも、持統元年（六八七）に新羅の僧尼以下二十二人を武蔵国に、持統三年（六八九）に新羅人を下毛野《しもつけの》国に、持統四年（六九〇）にも新羅人十二人を武蔵国に移住――と渡来人の東国移住政策は続いた。

渡来人の武蔵国への移住はすでにその前の六世紀末から行われていた。男衾《おぶすま》郡に送られた壬生吉志《みぶのきし》、橘樹《たちばな》郡への飛鳥吉志《あすかのきし》、横見《よこみ》郡への日下部吉志《くさかべのきし》は、同様に「吉志」の名を冠するが、これは百済の「王」の和訓「コニキシ」と同意だという。

八世紀に入った霊亀《れいき》二年（七一六）、駿河《するが》・甲斐《かい》・相模《さがみ》・上総《かずさ》・下総《しもうさ》・常陸《ひたち》・下野《しもつけ》の七か国の高句麗人（高麗人《こまびと》）千七百九十九人を武蔵国に移して高麗郡を置き、天平宝字《てんぴょうほうじ》二年（七五八）には新羅僧三十二人、尼二人、男十九人、女二十一人の合計七十四人を武蔵国に移住させて新羅郡を新設した。新羅郡はのちに新座《にいくら》郡となる。武蔵国には幡《は》羅《ら》郡という新羅系の人びとの居住地もあった。高麗郡、新羅郡、幡羅郡は、それぞれ現在の日高《ひだか》市、和光《わこう》市、熊谷《くまがや》市・深谷《ふかや》市のあたりになる。

『続日本紀《しょくにほんぎ》』の新羅郡設置の条には、「武蔵国の閑地に移し」とある。渡来系氏族の技術や知識は原野開拓や蝦夷対策にも役立てられたのだ。律令《りつりょう》政府が支配力を東国へ拡大させる前線基地だ。特に朝鮮北部から南満洲にかけて勢力をのばした高麗人は牧畜や騎馬戦に長じ、武蔵国を勢いよく開いていったのだろう。その系譜が後に関東武士団となって立ち現われる。また、近年まで埼玉県内で盛んに行われていた養蚕《ようさん》と絹織物生産の種は、すでにこのときに蒔かれていたといっていい。

奈良時代の中頃には、高麗郷からは高麗（背奈《せな》）福信《ふくしん》が出て、聖武《しょうむ》天皇の内侍所《ないしどころ》の右《う》衛士大志《えじだいさかん》となり、やがて藤原仲麻呂《ふじわらのなかまろ》のブレーンとして中央政界でも活躍している。

Q6

高麗神社(日高市)に祀られた「高麗王若光」とは何者か？

天智《てんじ》五年(六六六)十月、高句麗《こうくり》国王からの使者が、飛鳥《あすか》にやってきた。そのなかに、「二位玄武若光《にいげんぶじゃっこう》」という人の名がある。

高句麗はこの二年後に滅んでしまうのだが、それからさらに年月を経過した大宝《たいほう》三年(七〇三)の四月、日本の朝廷から「高麗王」の称を与えられた従五位下《じゅごいのげ》「高麗王若《こまこきしじゃっ》光《こう》」という者がいて、三十七年前に使者として日本にやってきた「二位玄武若光」と同一人物である可能性がある。「高麗《こま》」が氏《うじ》で、「王《こきし》」が姓《かばね》だ。

日高市にある高麗神社は、この高麗王若光を祀る。後に高麗郡の総鎮守《そうちんじゅ》となり、古くから、出世や開運の神として崇敬されてきた。

霊亀《れいき》二年(七一六)、東国七か国の高麗人千七百九十九人を武蔵国に移して高麗郡を設置した記事が『続日本紀』に見えるが、その首長が若光だった。「二位玄武若光」

がこの若光であるならば、渡日からすでに半世紀が経っていた。

武蔵国に移される前、若光とその一族は大磯《おおいそ》（神奈川県）の唐ヶ浜《もろこしがはま》に上陸し、高麗山《こまやま》の麓の化粧坂《けわいざか》あたりに住み、原野だった大磯や平塚《ひらつか》を開拓したと伝わっている。「大磯」の地名は朝鮮語の「オイソ（「はるばる来た」とか「よくいらっしゃいました」）」に通じるともいう。その後、若光らは武蔵国に移った。

若光の死後、彼の徳をしのんで高麗郡の郡民らが祀ったのが高麗神社で、代々宮司を務める高麗家は若光の子孫だという。晩年の若光は髪もひげも真っ白で、「白鬚様」と呼ばれたといい、高麗神社は白鬚明神とも称される。

高麗神社の社殿入り口の額には「高麗神社」と記されているが、「高」と「麗」の間に小さく「句」の字が入っている。これはいたずら書きなどではなく、明治時代の終わり頃に朝鮮人の趙重應という人が書き入れたもの。歴史上、六六八年に滅亡した高句麗と、十世紀から十四世紀末まで続いた高麗《こうらい》は別の王朝である――という強い思いから入れたのだという。高麗神社から西へ五分ほど歩くと聖天院《しょうでんいん》という寺があり、若光の墓と伝えられる朝鮮様式の多重塔が残されている。

Q7

氷川神社には、なぜ「男躰」「女躰」があるのか？

大宮《おおみや》にある氷川《ひかわ》神社は、武蔵《むさし》国総鎮守《そうちんじゅ》。出雲《いずも》国簸川《ひかわ》の杵築《きづき》大社を移したといわれるが、それは无邪志国造《むさしのくにのみやつこ》の兄多毛比命《えたもひのみこと》が出雲族を引き連れてやって来て祖神を祀り、氏神《うじがみ》とした――という伝承に由来する。

ただ氷川神社の文献での初見は、『新抄格勅符抄《しんしょうきゃくちょくふしょう》』の天平神護《てんぴょうじんご》二年（七六六）七月二十四日、「武蔵国氷川神に封戸《ふこ》三戸を与えた」というものだ。

足立郡司《あだちぐんじ》を務めた丈部直不破麻呂《はせつかべのあたいふわまろ》という在地豪族が氷川神社を氏神として祀ったという。不破麻呂は、藤原仲麻呂《ふじわらのなかまろ》の乱を追討した功績により神護景雲《じんごけいうん》元年（七六七）に「武蔵宿禰《むさしのすくね》」の姓を賜り、武蔵国造となった。こうして武蔵宿禰家（足立郡大領《たいりょう》家）の保護を受けた氷川神社だが、鎌倉時代初期まで多摩《たま》郡の小野《おの》神社（多摩市）が武蔵国一宮《いちのみや》で、氷川神社はそれ以後――南北朝時代以降か――に武蔵国一宮となった。

氷川神社は見沼《みぬま》周辺で生活した人たちによって祀られた、水の神であり農耕に関係する地主神《じぬしがみ》だったのだろう。『氷川本紀』には、「氷川とは古《いにし》へ水沼あり、下流は隅田《すみだ》川に接したる大なる流にして、其《その》大さ三里余広さ五六丁、其後新田に開きしが、今当社御手洗は古昔水沼の残存せるものなりと」とある。氷川神社境内の神池は見沼の名残り、氷川神社から湧き出した神泉が見沼の水源となった……といっているのだ。

広大な見沼そのものを神池と見立て、大宮台地上の氷川神社(さいたま市大宮区高鼻)を男躰宮《なんたいぐう》、見沼を望む三室の台地上の氷川女体神社(さいたま市緑区宮本)を女躰《にょたい》宮《ぐう》、両社の中間にある中山《なかやま》神社(中氷川神社/さいたま市見沼区中川)を簸王子宮《ひおうじぐう》とする三社一体の大規模な社だった。享保《きょうほう》十二年(一七二七)に新田開発のために干拓される前の見沼は、男躰宮の神と女躰宮の神が往来する御船祭《みふねまつり》が行われる水路であり、文字どおりの「神沼《みぬま》」だったわけだ。

明治初期の神道政策で三社一体だった氷川神社は、男躰宮を本社、その他を摂《せっ》社、末社とされ、変容させられた。ただ、氷川神社は武蔵国の荒川・多摩川流域に広く分布。埼玉・東京・神奈川の一都二県に今でも二百社以上の存在が確認されている。

Q8 和同開珎の原料になった銅はどこで採掘されたのか?

平成二十年(二〇〇八)四月、秩父《ちちぶ》鉄道秩父本線の「黒谷《くろや》」駅が、開業から九十三年半名乗ってきた駅名を「和銅黒谷《わどう》」駅と改称した。これは和銅奉献千三百年を記念してのもの。駅から国道一四〇号に出ると、正面の山に「和銅」の大きな文字が見える。武蔵国秩父郡から「自然作成和銅《おのずからになれるにぎあかがね》」が献上されたのは慶雲《けいうん》五年(七〇八)正月だった。それまで日本にはないといわれてきた銅が発見されたのだ。同月中に年号も「和銅」と改まり、武蔵《むさし》国の庸《よう》(都で年に十日働くか、代わりに布を納める)、そして秩父郡の庸と調《ちょう》(絹や綿、各地の特産物を納める)が免じられた。

特別減税措置があったわけだが、祖《そ》(米の年貢)が各地方の役所に納める税だったのに対し、庸調は地方から人びとが都まで持って行かなければならない税だったのだから、人びとはかなり楽になっただろう。ただし、この年は平城遷都《へいじょう》の二年前。国家としては、銅地金と貨幣価値の差額によって遷都費用を賄えるとの思惑もあった。

「和銅」というのは、和(国産)銅のことであるとも、精錬を必要としない純度の高い自然銅のことともいわれる。ともかく、日本初の本格的な流通通貨である「和同開《わどうかい》珎《ちん》」は同年八月に発行、一文として通用した。平成十一年に奈良県明日香《あすか》村の飛鳥池《あすかいけ》遺跡から出土した「富本銭《ふほんせん》」の存在によって、和同開珎は〝日本最古の通貨〟の座を譲ったが、〝広範囲で流通した日本最古の通貨〟であることに変わりはない。

和銅発見地は、『続日本紀《しょくにほんぎ》』には「武蔵国秩父郡」とあるだけで具体的な地名の記述はない。銅の献上を受けて朝廷は採銅使を派遣、祝典が催された。その場所が祝山《いわいやま》で、その後、和銅石十三体と和銅製ムカデ二体を御神体「聖明神《ひじり》」として祀ったのが聖神社だ。和銅山《わどうやま》にある和銅採掘遺跡は、長さ一三〇メートル、深さ三メートルほどの溝状で、二条の露天掘り跡が山頂まで続く。さらに和銅山の南の金山《かねやま》には十三本の鉱坑と銅精錬所跡がある。

これら黒谷地区の他に、皆野町《みなのまち》に金沢《かねざわ》、金尾《かねお》、金崎《かねさき》という地名があり、長瀞《ながとろ》町にも和銅の採掘遺跡がある。秩父地方の広範囲で銅は採掘されていたと考えられるのだ。

Q9 武蔵国が東海道から東山道に所属が変わった理由は？

宝亀《ほうき》二年（七七一）十月二十七日、太政官《だいじょうかん》は以下のような奏上を行った。

「武蔵《むさし》国は東山道《とうさんどう》に属するが、東海道とも連絡路があり、往来が多い。東山道の駅路は、上野《こうずけ》国から下野《しもつけ》国に入るのに上野新田《にった》駅（群馬県太田市）から下野足利《あしかが》駅（栃木県足利市）に直通すれば便路なのに公使はそれを使えず、道を枉《ま》げて新田駅を南下し五箇駅を経て武蔵府中《ふちゅう》（東京都府中市）に至り、もと来た道を北上して下野国府《こくふ》へ向かう。東海道は相模国夷参《いさま》駅（神奈川県海老名《えびな》市）から下総《しもうさ》国府（千葉県市川市）に達し、その間、四駅で武蔵国を通過し往還は便利で近い。この便近の道を採らずに東山道を採る損害は極めて多い。ゆえに武蔵国は東山道を改めて、東海道に属させる」

こうして武蔵国は東海道に属すことになった。この場合、「道」というのは文字どおりの幹線道路であるだけでなく、行政区分でもある。こんにちでも「北海道」があり、導入が議論される道州制の「道」。朝鮮半島でも行政区分は「道」だ。

武蔵国が東山道に所属した理由は、毛野《けぬ》国との関係にあった。五世紀半ばにワカタケル(雄略)大王が「東は毛人《えみし》を征すること五十五国」と豪語したように、東国における毛野国はヤマト王権にとって大きな〝仮想敵〟だった。武蔵国は北関東に対する抑え役を負わされていたがために、どうしても東山道でなければならなかったのだ。

地勢的な要因もあった。かつて武蔵南部は諸河川の乱流によって交通の難所だった。東海道は相模《さがみ》の三浦半島から、海路、上総《かずさ》国に通じていた。「上野・下野」のように国名の前に付く「上・下」は、畿内(都)からの遠(下)近(上)を示す。栃木より群馬のほうが畿内に近い。それが総国《ふさのくに》では、一見遠い地域が「上総」であり、陸路至近の地域が「下総」になっているのも、東海道が先に上総に上陸するからだ。

そして、武蔵国東部と下総国西部の間にあって両国の往来を妨げていた「埼玉《さきたま》の入江」も、ようやく埋まってきて交通が便利になったことも、武蔵国が東海道に転属される理由になったのだろう。相模―上総と経由した東海道も、相模国府から武蔵国府を経て下総国府に至るルートに変わっている。

Q10 日本三大美祭の一つに数えられる秩父夜祭のルーツとは？

「秋蚕《あきご》仕舞《しも》うて麦播《むぎま》き終えて秩父夜祭《ちちぶよまつり》待つばかり」（秩父音頭）

秩父夜祭は京都の祇園《ぎおん》祭、飛驒高山《ひだたかやま》祭とともに〝日本三大曳山《ひきやま》祭〟として知られる。十二月三日。宮地《みやじ》、上町《かみまち》、中町《なかまち》、本町《ほんまち》が出す屋台に中近《なかちか》、下郷《したごう》の笠鉾《かさぼこ》が加わった六基が曳行《えいこう》され、午後には歌舞伎の当番町が屋台を解体し、歌舞伎舞台にして上演。終わるともとに戻し、提灯を点けた夜の曳行が行われる。団子坂《だんござか》を一気に曳き上げられた屋台と笠鉾は御旅所《おたびしょ》に整列し、斎場祭《さいじょうさい》が行われる……。

県内最古という秩父神社の旧神輿《しんよ》から室町時代には祭りが行われていたことはわかっているのだが、秩父神社の例祭は秩父神社の成立期か、あるいはそれ以前から、神《かん》奈備山《なびやま》である武甲山《ぶこうさん》への信仰として行われてきた祭祀を起源とするといわれる。

秩父神社は、社伝では初代「知々夫国造《ちちぶのくにのみやつこ》」の知々父彦命《ちちぶひこのみこと》が先祖の八意思兼命《やごころおもいかねのみこと》を祀ったのが始まりという。天慶《てんぎょう》年間(九三八〜四七)、「坂東八平氏《ばんどうはちへいし》」の一つ秩父氏の祖となる平良文《たいらのよしふみ》が、平将門《まさかど》と戦ったさいに上野《こうずけ》国花園《はなぞの》村の妙見《みょうけん》菩薩を勧請《かんじょう》し合祀した。妙見が祀られたとき、宮地の「妙見七ッ井戸」という七か所の湧水を巡って秩父神社に渡ったという。「七ッ井戸」は北斗七星を神格化する妙見信仰の象徴でもある。

武甲山から見て北面に位置する秩父神社の本殿も真北を向いている。秩父夜祭で真夜中に斎場祭が行われる御旅所は、秩父神社と武甲山の間にある。御旅所の斎場に置かれた亀石の上で、秩父神社の女神である妙見菩薩と武甲山の男神(蔵王権現《ざおうごんげん》)が、年に一度の逢瀬を楽しむのだ。秩父夜祭のいちばん重要な神事はそこにある。

秩父夜祭の象徴である提灯を点けた夜の屋台曳行だが、その歴史は意外に新しい。江戸時代、絹織物業の隆盛とともに「お蚕《かいこ》祭り」ともいわれた夜祭のさいに「絹大市」も開かれた。その市のため遠方から来る人びとを楽しませるために屋台が巡る「付け祭り」が文字どおり付け加えられ、歌舞伎も行われるようになったのだ。

祭りのルーツはむしろ、華やかな屋台や花火よりさらに高く、北天に隠されているようだ。

Q11 失われた古代の官道「東山道武蔵路」とは どんな道だった？

武蔵《むさし》国には、「上野《こうずけ》国邑楽《おうら》郡、經五ケ驛、到武藏國（上野国邑楽郡から五駅を経て武蔵国に至る）」（『続日本紀《しょくにほんぎ》』）東山道《とうさんどう》の支路が通り、「武蔵路《むさしみち》」と呼ばれていた。

上野国邑楽郡からは、新田駅《にったのうまや》（群馬県太田市）を出て、太田市新田小金井《にったこがない》町地内（入《いり》谷《や》遺跡）から南東に下り、邑楽郡大泉町仙石《おおいずみまちせんごく》付近で利根川左岸に沿って千代田町《ちよだまち》の五《ご》箇《か》で渡河。武蔵国に入る——という説が有力だ。

「五ケ驛」を地名ではなく「五か所の駅」とする説だと、利根川渡河点を大泉町寄木《よりき》戸《ど》付近から熊谷市妻沼《めぬま》あたりに想定する。武蔵国最初の駅が妻沼とすると、国府《こくふ》所在地の府中《ふちゅう》まで約八〇キロメートル。古代の幹線道路は目的地に最短距離で到達するため直線で設定され、三十里（約一六キロメートル）均等で駅家《えきか》を置いていた。一駅間一六キロメートルで八〇キロメートルならば、国府を含めちょうど五駅と算定できる。

所沢市の東の上《あずまうえ》遺跡で見つかった道路跡は、古代の道(駅路)の基準的な幅である一二メートルの道幅を持ち、路面中央部の直下からは路床工事の跡と重量物運搬にともなう転《ころ》の圧痕などの連続した凹凸痕も発見された。また、東の上遺跡の竪穴住居跡から出土した漆紙《うるしがみ》は「具注暦《ぐちゅうれき》」と判明している。元号は天皇が制定するように、帝《みかど》は時をも支配する。朝廷の陰陽寮《おんようりょう》が配った「具注暦」を書き写したこの漆紙には、墨描された馬のいたずら書きがあり、東の上遺跡が駅家であった可能性も高めた。

熊谷市妻沼からこの東の上遺跡まで直線で結ぶと、そのライン上の最初の一六キロ地点は鴻巣《こうのす》市内か吉見《よしみ》町内となる。そこからさらに一六キロが川越市内の入間《いるま》川左岸。この地区には霞ヶ関《かすみがせき》遺跡があり、付近の八幡前《はちまんまえ》・若宮《わかみや》遺跡からは駅家との関連を推定させる「駅長」と墨書された土器も出土している。霞ヶ関遺跡の次が、東の上遺跡だ。

平成七年(一九九五)には東京都国分寺市泉町の旧国鉄中央学園跡地から、やはり幅一二メートル、長さ三四〇メートルにわたる直線の道路遺構が検出されている。

宝亀《ほうき》二年(七七一)に武蔵国が東山道から東海道へ移管になると、東山道武蔵路も官道から間道に格下げされ、やがて平安末期にはまったく使われなくなってしまった。

Q12 平将門の乱のきっかけを作った「武蔵武芝」とはどんな人物か？

天慶《てんぎょう》元年（九三八）、新任の武蔵権守興世王《むさしごんのかみおきよおう》と武蔵介源経基《むさしのすけみなもとのつねもと》が、「管内巡視」を名目に足立《あだち》郡（埼玉県南部から東京都足立区一帯）に乱入しようとした。

この動きを拒絶したのが、足立郡司《ぐんじ》の武蔵武芝《むさしのたけしば》だった。先祖代々足立郡司を務め氷川神社を祀る武蔵宿禰《むさしのすくね》家（足立郡大領《たいりょう》家）の当主。当時、中央から派遣された国司《こくし》は自分の収入を増やすことだけを考えるような者が多く、納税や管内巡視の名を借りた略奪が繰り返されていた。承平《じょうへい》七年（九三七）に富士山の噴火もあって坂東《ばんどう》は凶作に苦しんでいたため、武芝は略奪を阻止しようとしたのだが、結局、興世王と経基は兵を率いて足立郡内に入り、武芝や農民たちの財産を押収。残りは検封して引きあげた。

武芝は逃れ、下総《しもうさ》国石井《いわい》（茨城県坂東市）の平将門《たいらのまさかど》を頼る。平将門は動いた。武蔵国に入って武芝一党と合流し、国府《こくふ》（府中市）に向かう。経基は比企《ひき》郡「狭服山《さふくやま》」に籠もり、興世王も将門の評判の前に戦わずに軍を解き、武芝と和議を結んだ。

「狭服山」を武芝の兵が囲んだため経基は都に戻り、「将門と興世王が共謀して〝謀《む》反《ほん》〟を企てている」と朝廷に訴えた。朝廷は新しい正任《しょうにん》の国司（百済王貞連《くだらのこにきしていれん》）を武蔵に派遣。興世王を国務から外した。興世王は将門のもとに庇護を求めたため、将門と興世王の〝謀反〟が現実のものとなってしまった。経基は今度は将門追討の征夷副将軍として再び坂東に下った。

天慶《てんぎょう》三年（九四〇）二月、「新皇《しんのう》」を称していた将門は戦死し〝謀反〟は終息。興世王も討たれた。武芝の消息を伝える記録はない。将門と連動して動いた気配もない。『西角井系図』によると、武芝の娘が武蔵介菅原正好《すがわらのまさよし》の妻になり、その子菅原正範《まさのり》が武蔵家を継いだという。名門地方豪族である武芝の血脈は歴史の闇に消えたのだ。

いっぽうで源経基は、西海の藤原純友《ふじわらのすみとも》の乱平定戦にも参加。信濃《しなの》、筑前《ちくぜん》、但馬《たじま》、伊《い》予《よ》の国司を歴任した。いつ臣籍降下して「源」姓を名乗ったのかはわからないが、経基は「清和《せいわ》源氏」の祖となる。将門の乱のきっかけともいえる足立郡乱入の共謀者興世王も皇族なだけに、当時の中央と地方の力関係が象徴的に表われている。

Q13 在原業平が「東下り」したという「みよし野の里」の現在地はどこか？

『伊勢《いせ》物語』第九段の「東下り」は、「その男、身をえうなきものに思ひなして、京にはあらじ、あづまの方《かた》に住むべき国求めに、とて行きけり」で始まる。在原業平《ありわらのなりひら》をモデルにしているという主人公の〝昔男《むかしおとこ》〟は、二条の后高子《たかいこ》への失恋を癒すため、東国に流離。京を出て、「武蔵《むさし》の国までまどひありきけり」となる。

ときとして史実よりも「詩」というフィクションのなかに、「真実」が描かれる場合もある。業平は平城《へいぜい》天皇の子阿保《あぼ》親王の子。母方の系図からいえば桓武天皇の孫でもあり、藤原氏による他氏排斥は、そういう貴族を都から遠ざけるのだろう。

第十段が「みよし野の里」。武蔵国に来た〝業平〟は「入間の郡《こおり》みよし野の里」で、例によって「その国に在る女をよばひけり」。その娘の母は、「みよし野のたのむの雁もひたぶるに君が方にぞよると鳴くなる」と詠み、〝業平〟は「わが方によると鳴くなるみよし野のたのむの雁をいつか忘れむ」と返した。

江戸後期の『新編《しんぺん》武蔵風土記稿《むさしふどきこう》』は「みよし野の里」を川越《かわごえ》の入間川《いるまがわ》沿い、上戸《うわど》、的場《まとば》のあたりとしているが、広くこのあたりが「みよし野の里」だったのだろう。他に坂戸《さかど》市三芳野《みよしの》説、川越市伊佐沼《いさぬま》説もある。伊佐沼のすぐ西の河越城跡のなかには大《だい》同《どう》二年（八〇七）創建と伝わる三芳野神社がある。長禄《ちょうろく》元年（一四五七）に太田道灌《おおたどうかん》が河越城を築いたときに城の鎮守とした古社で、菅原道真《すがわらのみちざね》の神霊も合祀してあり、参道は、わらべうた「通りゃんせ」の「天神さまの細道」のモデルとしても知られる。

また「みよし野の里」からだいぶ東だが、春日部《かすかべ》市粕壁《かすかべ》の八幡《はちまん》神社は、元弘《げんこう》年間（一三三一～三三四）に春日部氏が鶴岡《つるがおか》八幡宮を勧請《かんじょう》したといわれる。その鳥居の脇に、幕末に立てられた「都鳥の碑」がある。東下りした〝業平〟が隅田川《すみだがわ》の渡しで詠んだ、「名にしおはばいざ言問はん都鳥わが思ふ人はありやなしやと」の都鳥の故地を、春日部の古隅田川《ふるすみだがわ》にあてたのだ。古隅田川の上流、市立豊春小学校前には「業平橋」もある。

東武鉄道が隅田川っ端の「業平橋」駅を「とうきょうスカイツリー」駅に改称してしまういっぽうで、埼玉県内にはこういう場所も残っている。

Q14
埼玉県最古の寺「寺谷廃寺」とはどんな寺だったのか？

日本に仏教が伝来したのは、百済《くだら》の聖明王《せいめい》が仏像と経典をもたらした西暦五三八年だという。その約半世紀後の五九六年には日本最古の寺といわれる法興寺《ほうこうじ》（飛鳥寺《あすかでら》）が蘇我馬子《そがのうまこ》によって飛鳥に建てられ、斑鳩《いかるが》の法隆寺《ほうりゅうじ》は六〇七年に建立されている。

埼玉県域で最古の寺は、比企郡《ひきぐん》滑川町《なめかわまち》の寺谷廃寺《てらやつ》だといわれている。「廃寺」といわれるだけにすでに寺はなく、正式な寺名もわからない。

東武東上線「森林公園」駅から北西に約二キロメートルのところに五厘沼窯跡群《ごりんぬまかまあと》がある。七世紀初頭に須恵器《すえき》を焼いていた登り窯の跡で、この窯跡群のすぐ北に興長寺《こうちょうじ》がある。興長寺は戦国時代の寺だが、この寺の周辺から古瓦が多数見つかった。それは素弁八葉蓮華文軒丸瓦《そべんはちようれんげもんのきまるがわら》というもので、飛鳥寺系の瓦様式の特徴を示すものだった。

つまり興長寺があるあたりに七世紀前半か中頃に創建された寺があったと考えられる

わけで、その寺谷廃寺は埼玉県域だけでなく東国でも最古の寺院だったようだ。

ただ、寺院遺構は確かめられていないので、この寺谷廃寺がどういう寺でどの程度の規模だったかはわからない。比企郡では寄居町《よりいまち》に、寺谷廃寺同様の素弁瓦を用いた馬騎《まき》の内《うち》廃寺があり、これは寺谷廃寺に少し遅れて七世紀中期の創建とされている。

寺谷廃寺の付近には、武蔵国分寺《むさしこくぶんじ》焼失後の承和《じょうわ》十二年（八四五）に七重塔再建の費用を寄付したといわれる前男衾《おぶすま》郡大領《たいりょう》（長官）の壬生吉志《みぶのきし》福正《ふくしょう》が居住していた。

寺をつくるという事業は中央政権と無関係には行いえない。技術と財力、政治力が要るのはもちろん、寺になくてはならない僧は納税や労兵役の義務を免除されていた。国府《こくふ》の許可がなければ、それらを獲得することはできなかった。これらのことから、寺谷廃寺は中央政権と密接な関係を持っていた渡来系氏族の壬生吉志一族の造営と見られる。七世紀初めごろに北武蔵に移ってきた壬生吉志一族は畿内の先進技術を用いて瓦の生産などを行い、寺も建立したのだ。意外に早い東国への仏教伝達の背景にも渡来系氏族の存在があるようだ。あるいは渡来系氏族たちは、日本の神社よりは慣れ親しんだ仏教と寺が身近にあったほうが、生活しやすかったのかもしれない。

もっと知りたい歴史こばなし ①

吉見百穴に刻まれた「幻」の古代文字

いまではまったく忘れられているが、吉見百穴《よしみひゃくあな》の１つの横穴墓から「古代文字」が発見されていたという話がある。明治20年（1887）に百穴を発掘調査した坪井正五郎《つぼいしょうごろう》が『東京人類学会報告』３巻22号（1887年）で報告しているのである。羨道《ぜんどう》の玄室《げんしつ》に近い壁面に彫られていたものらしい。らしいというのは、現在ではまったく確認できないからである。

坪井によれば７個の「線画」で、そのスケッチからは何かの記号か文字のような印象を受ける。坪井自身は絵のような「心覚《こころおぼえ》の印」だと解釈した。その後、朝鮮文字（ハングル）で「秩父《ちちぶ》の七つの村の頭字」を刻んだという説（藤澤衛彦《もりひこ》）、漢字の太古のもので大篆《だいてん》の一種かサンスクリットの一体とする説（石井周作《しゅうさく》）なども唱えられたが、結論はでなかった。藤澤など実見した人は少なかったらしいが、一時は「古代文字」として絵葉書で売られており、いまでもときどき見ることがある。絵葉書の写真でははっきり見えるものの、穴に入った人が撫で回したせいで摩滅したのだろうか。

第2章

埼玉県の鎌倉・室町時代

熊谷直実銅像（熊谷駅前）

第2章

時代をよむ

武蔵武士の栄枯盛衰

平安末期、武蔵国《むさし》は平氏《へいし》の知行国《ちぎょうこく》で、在地武士の多くが平氏の家人《けにん》になっていた。源頼朝《みなもとのよりとも》が伊豆《いず》で挙兵した際、畠山重忠《はたけやましげただ》、河越重頼《かわごえしげより》、熊谷直実《くまがいなおざね》など在地武士の多くが平氏方として行動し、頼朝を窮地に陥れたのにはそうした背景があった。

しかし、頼朝が石橋山《いしばしやま》の敗戦から立ち直り、急速に関東で力を伸ばすと、武蔵の武士たちはこぞって頼朝の陣営に馳せ参じた。このような在地武士の日和見的な態度は武蔵武士に限ったことではない。所領の保全は武士の去就を規定する最大のファクターであり、そのためには二君に仕えることを恥とはしなかった。頼朝も喜んで彼らを迎え、以後鎌倉時代を通して武蔵は幕府の重要な地盤となる。

北条氏《ほうじょう》が執権《しっけん》として実権を握った後も、武蔵の重要性は変わらなかった。頼朝の死後、畠山氏や比企氏《ひき》など武蔵の有力武士が相次いで北条氏の謀略により滅亡すると、武蔵の国務の実権は北条氏に握られる。北条氏は巨大な権力を背景として武蔵の開発に努め、国内の開墾・治水は急速に進んでいった。

やがて後醍醐《ごだいご》天皇が挙兵し、足利尊氏《あしかがたかうじ》・新田義貞《にったよしさだ》らの離反によって鎌倉幕府は崩壊する。尊氏が支持する京の北朝と、吉野に下った後醍醐天皇の南朝が争い始めると、武蔵武士も北朝・南朝方に分かれて戦った。足利直義《ただよし》と高師直《こうのもろなお》の対立が全国的な紛争に発展した観応《かんのう》の擾乱《じょうらん》、続いて起こった新田義興《よしおき》の挙兵に端を発する武蔵野《むさしの》合戦は武蔵を混乱の巷に陥れた。

文和《ぶんな》二年（一三五三）、足利尊氏が上洛すると、南朝方の侵攻に備えるため、入間《いるま》川に鎌倉公方《くぼう》足利基氏《もとうじ》の御所が設けられた。鎌倉に代わって武蔵が一時、幕府の東国支配の拠点となったのである。やがて、尊氏に疎《うと》まれ失脚していた上杉憲顕《のりあき》が関東管領《かんれい》に復帰し鎌倉府の実権を握ると、武蔵の有力武士に圧力を加え始める。応安《おうあん》元年（一三六八）、上杉氏の支配に反発する河越《かわごえ》氏や高坂《たかさか》氏など、秩父《ちちぶ》氏の一族による「平一揆《へいいっき》」の反乱が勃発。乱はほどなくして鎮圧されたが、それを機に武蔵土着の有力武士は力を失い、関東管領上杉氏の支配下に組み込まれていくのである。

Q15 鎌倉幕府樹立に貢献した武蔵武士にはどんなメンツがいた？

平高望《たいらのたかもち》が上総《かずさ》に赴任して以後、関東に土着した平氏《へいし》は、やがて千葉《ちば》氏や上総氏、秩《ちち》父《ぶ》氏などの諸族に分かれ、「坂東八《ばんどうはち》平氏」と呼ばれるようになる。源頼朝《みなもとのよりとも》の挙兵に参加した東国武士は、その多くがこのような「平氏」の武士だった。

そのうち、平安末期の武蔵《むさし》国で最大の勢力を誇ったのが、平高望の曾孫将恒《まさつね》から出た秩父氏である。将恒の孫武綱《たけつな》は前九年《ぜんくねん》の役に源頼義《よりよし》の配下として従軍し、その子重《しげ》綱《つな》は武蔵国留守所総検校職《るすどころそうけんぎょうしき》に任じられた。重綱が武蔵の在庁官人《ざいちょうかんじん》となったことが、同国内における秩父氏の領主支配の基盤になったといわれる。この重綱の流れから、秩父氏の惣領家である畠山《はたけやま》氏をはじめ、河越庄《かわごえのしょう》(川越市)の開発領主となった河越氏、榛《はん》谷《がや》氏、稲毛《いなげ》氏、小山田《おやまだ》氏など、鎌倉幕府樹立に貢献した諸族が輩出した。まさに武蔵武士の歴史は、秩父氏の発展とともにあったのである。

やがて十二世紀半ばになると、同じ系統の家から分かれた中小規模の武士団が、それぞれ独立性を保ちつつ、緩やかな連合を形成するようになる。武蔵各地に割拠したこれらの武士団は「武蔵七党《しちとう》」と呼ばれた。横山党《よこやま》、猪俣党《いのまた》、野与党《のよ》、村山党《むらやま》、児玉党《こだま》、丹党《たん》、西党《にし》であるが、野与党の代わりに私市党《きさいち》を入れる場合もあるなど組み合わせは一定しない。

このほか、秩父氏や武蔵七党以外の武士として、平安初期の公卿藤原山陰《ふじわらのやまかげ》の後裔で足立郡司《あだちぐんじ》を務めた足立氏や、平貞盛《さだもり》の孫維時《これとき》の後裔を称し熊谷郷《くまがやごう》（熊谷市）の開発領主となった熊谷《くまがい》氏、藤原秀郷《ひでさと》の後裔を称し後年北条《ほうじょう》氏に滅ぼされた比企《ひき》氏などがいた。

武蔵の在地武士はおおよそ以上の三つに分類できる。これらの武蔵武士たちが、治《じ》承《しょう》・寿永《じゅえい》の内乱、いわゆる源平合戦で欠かせない役割を演じたことはよく知られている。泣く泣く平敦盛《あつもり》（平清盛《きよもり》の甥）を討ち取った熊谷直実《なおざね》、平盛俊《もりとし》（平氏の侍大将）をだまし討ちにした猪俣則綱《のりつな》、馬を担いで鵯越《ひよどりごえ》の断崖を下った畠山重忠《しげただ》など、『平家物語』を彩る多くの逸話が武蔵武士によって作られた。彼らのエネルギーが武士の世をつくり、中世への扉を押し開ける原動力になったのである。

Q16 源頼朝の武蔵入りを真っ先に出迎えた「足立遠元」とはどんな武士？

治承《じしょう》四年（一一八〇）八月、伊豆《いず》で源頼朝《みなもとのよりとも》が挙兵した。伊豆目代《もくだい》・山木兼隆《やまきかねたか》を討ち取って初戦を飾ったものの、石橋山《いしばしやま》の戦いで大敗を喫した頼朝は、真鶴《まなづる》から船で房総半島に渡ると、在地武士を味方につけて、たちまち安房《あわ》・上総《かずさ》・下総《しもうさ》を制圧。源氏ゆかりの地である鎌倉を目指し、十月二日、隅田《すみだ》川を渡って武蔵《むさし》国に入った。鎌倉幕府の正史『吾妻鏡《あずまかがみ》』によると、この日、秩父《ちちぶ》氏の豊島清元《としまきよもと》、葛西清重《かさいきよしげ》ら有力豪族とともに頼朝を出迎えたのが足立右馬允遠元《あだちうまのじょうとおもと》だった。

足立郡は、南は現在の東京都板橋区・北区の一部、北は埼玉県鴻巣《こうのす》市に至る郡である。足立氏は父祖以来、同地に勢力を張っていた在地豪族で、遠元の父遠兼《とおかね》の代から足立郡司《ぐんじ》を務め、遠元は頼朝の父義朝《よしもと》の家人《けにん》となり平治《へいじ》の乱に参加した。『平治物語』によると、義朝の長男悪源太義平《あくげんたよしひら》に率いられ、斎藤実盛《さいとうさねもり》や熊谷直実《くまがいなおざね》、上総広常《かずさひろつね》とともに待賢門《たいけんもん》を守った精鋭十七騎の一人として名前が挙げられている。義朝時代から源氏に忠節を尽してきた遠元は、頼朝の武蔵支配の要ともいえる存在だった。

頼朝の挙兵当時、武蔵国は平氏の知行国《ちぎょうこく》で、東国のなかでは特に平氏の影響力が強い地域だった、秩父氏の一族である畠山《はたけやま》氏や河越《かわごえ》氏などは初め頼朝に敵対し、源氏方の三浦氏を攻めて頼朝を窮地に陥れている。彼らも頼朝の武蔵入りに先立って頼朝に帰順したが、遠元は頼朝の武蔵入りを出迎えたばかりでなく、十月七日、頼朝が鎌倉に入ると、真っ先に駆けつけて足立郡の所領安堵を約束された。「いざ鎌倉」といえば、鎌倉御家人《ごけにん》たちの幕府への忠誠心を示した言葉だが、頼朝の鎌倉入部という記念すべき時にあたり、その心意気を身をもって示したといえる。

頼朝から絶大な信頼を得た遠元は、鎌倉幕府が開かれると重要政務機関である公文《くもん》所《じょ》の寄人《よりうど》に任じられた。遠元以外は三善康信《みよしやすのぶ》、中原親能《なかはらのちかよし》のような京下りの文官が就任しており、遠元が武士でありながら能吏としてもすぐれた資質を持っていたことをうかがわせる。頼朝の死後は、北条時政《ほうじょうときまさ》や梶原景時《かじわらかげとき》、三浦義澄《よしずみ》らとともに二代将軍頼家《よりいえ》を補佐する十三人の合議制の一人に抜擢され、幕府の宿老として重きをなした。

Q17 鎌倉御家人・熊谷直実の出家の理由は、平家の若武者を殺したからではなかった⁉

熊谷直実《くまがいなおざね》は武蔵《むさし》国熊谷郷《くまがやごう》の豪族熊谷直貞《なおさだ》の次男で、二歳のときに父を失い、隣接する久下《くげ》郷《ごう》の叔父久下《くげ》直光《なおみつ》に養われた。早くから嫡子の座につき、十二歳にしてすでに熊谷郷を知行《ちぎょう》していたという。「一所懸命《いっしょけんめい》」という言葉があるように、当時の武士は父祖伝来の所領を命よりも大切にして守り抜こうとした。幼くして父を亡くし、若年から所領経営に携わってきた直実の苦労は並大抵ではなかったはずだ。

その直実の逸話のなかでもっとも有名なのは、一ノ谷《いちのたに》の戦いにおける平敦盛《たいらのあつもり》との一騎打ちであろう。良い敵を探していた直実が、美しい鎧を身につけた若武者を押さえつけ首をとろうとして顔を見ると、我が子と同年くらいの容顔美麗な公達《きんだち》だった。哀れに思った直実は命を助けようと思ったが、後ろから味方が駆けつけてきたため泣く泣く首をとった。後で聞けば、この若武者こそ平経正《つねまさ》の子で十七歳の敦盛だった。『平家物語』は「そのことがあって熊谷の出家の希望は一段と強くなった」と記している。

直実が後年、出家したのは事実だが、果たして敦盛の死と関係があったのだろうか。

実は直実の出家は、所領裁判の敗訴がきっかけだった。直実はかねてより叔父直光と所領争いを繰り広げており、建久《けんきゅう》三年(一一九二)十一月、ついに将軍源頼朝《よりとも》の御前で裁判となる。『吾妻鏡《あずまかがみ》』によると、直実は何度も頼朝から尋問されたが、生まれつきの口下手だったために上手に釈明することができず、最後には「梶原景時《かじわらかげとき》が直光をひいきしており、結果は分かりきっている。こんなものは無用だ」といって証拠の文書類を頼朝に投げつけ、自ら髻《もとどり》を切って所領にひきこもってしまったという。その後、上洛して出家し、法然《ほうねん》の弟子となって蓮生房《れんじょうぼう》を名乗った。

ただし、所領争いが出家の契機になったとしても、敦盛の件が無関係であったとは言い切れない。敦盛を殺した時、すでに武士の生き方に対する疑問が生じており、その鬱屈した気持ちが所領問題で一気に噴き出したかもしれないのである。

その後、直実は極楽往生《ごくらくおうじょう》を願い、法然の下で一心に修行に励んだ。往生に際しては自ら死を予告し、人々が見守るなか、高らかに念仏を唱えて息を引き取ったという。

Q18 備前国の刀工「備前長船」の刀が武蔵に遺されたのはなぜ？

備前長船《びぜんおさふね》といえば、名刀の誉れ高い日本刀の最上級ブランドとして知られている。その数少ない名刀の一つが、埼玉県立歴史と民俗の博物館におさめられている。長さ八二・四センチ、反り二・四センチという逸物で、「備前国長船住左兵衛尉景光」の銘が刻まれている。昭和二十九年（一九五四）に国宝に指定された。

景光《かげみつ》は備前長船派三代目の名工として知られている。なぜ、はるか西国の備前で製作された名刀が埼玉県所在の国宝となっているのだろうか。その秘密は、刀を発注した武士の名を見ればわかる。銘文によると、この刀は武蔵《むさし》国秩父《ちちぶ》郡を本貫地《ほんがんち》とする大《おお》河原《かわら》左衛門尉《さえもんのじょう》丹治《たんじ》時基《ときもと》という武士が、嘉暦《かりゃく》四年（一三二九）七月に、景光を播磨《はりま》国宍粟《しさわ》郡三方西《みかたのさい》（兵庫県宍粟《しそう》市波賀町《はがちょう》）に招いて作らせ、播磨の広峯《ひろみね》神社に奉納したものであるという。なお、時基が景光に発注した刀は、このほか二振りが現存しており、どちらも「秩父大菩薩」の銘が彫り込まれている。

「丹治」は武蔵七党《しちとう》の一つ丹《たん》党の出身を表す姓で、時基は本貫地である秩父郡大河原（秩父郡東秩父村）の地名から大河原を称していた。承久の乱の後、本宗家にあたる中村氏が播磨国三方西の地頭《じとう》として赴任しており、一族である大河原氏もそれに従って移住したと考えられている。

鎌倉時代は御家人《ごけにん》たちが鉢植えのごとく、諸国の地頭として全国各地に移住させられた時代だった。たとえば、熊谷《くまがい》氏は承久《じょうきゅう》の乱の後、安芸《あき》国三入荘《みいりのしょう》の地頭となり、戦国時代以後、毛利《もうり》氏の重臣となった。足立郡司《あだちぐんじ》として勢力を誇った足立氏も、三代将軍実朝《さねとも》の頃、丹波《たんば》に拠点を移した。大河原氏もそうした「転勤族」の一つだった。

興味深いのは、時基が発注した刀の銘文に「武蔵国秩父郡住」「秩父大菩薩」などと刻まれていることだ。刀が製作された頃、大河原氏の播磨移住からすでに数十年が経っていた。時基自身も播磨で生まれたと考えられる。それでもなお、時基にとっての故郷は秩父だった。先祖伝来の本貫地に対する愛着、武蔵武士としての誇りは、数代を経てもなお子孫たちの胸の中に生き続けていたのである。

Q19

日本百観音の霊場「秩父三十四か所」はいつ頃からあるのか？

「秩父三十四か所《ちちぶさんじゅうよんかしょ》」とは、秩父地方にある三十四か所の観音《かんのん》霊場である。西国三十三観音、坂東《ばんどう》三十三観音と合わせて「日本百観音」と称され、江戸時代には巡礼の流行や、江戸から近いこともあって多くの参拝者でにぎわった。特に、十二年に一度の「午年総開帳《うまどしそうかいちょう》」は秘仏を拝めるとあって盛大を極め、札所《ふだしょ》三十番のある白久《しろく》村（秩父郡荒川村）の調査では、寛延《かんえん》三年（一七五〇）一月から三月までの三か月だけで、五万人を超える参詣者を記録している。

十五世紀末頃までは西国・坂東の札所と同じ三十三か所だったが、三十番札所法雲《ほううん》寺《じ》の天文《てんぶん》五年（一五三六）の納札《のうさつ》（参拝の願意や住所・氏名などを木札に書いて打ちつけるもの）に「西国坂東秩父百ヶ所順礼」とあることから、十六世紀の初頭には現在と同じ三十四か所が定着していたようだ。

成立時期は諸説あるが、もっとも早いのが文暦《ぶんりゃく》元年(一二三四)三月十八日の開創とする説である。江戸末期成立の地誌『新編武蔵風土記稿《しんぺんむさしふどきこう》』などが紹介する伝承で、この日、秩父鎮守妙見大菩薩《みょうけんだいぼさつ》の案内で、熊野権現《くまのごんげん》をはじめ天照大神《あまてらすおおみかみ》や書写山《しょしゃざん》の開基性空《しょうくう》上人、花山《かざん》法皇、後白河《ごしらかわ》法皇など十三人の権者が秩父を巡拝し、札所(参拝のしるしとして札をおさめるところ)を設けたのが始まりであるという。

もちろん以上は伝説に過ぎず、実際は次のように考えられている。鎌倉幕府が開かれると、鎌倉街道を経由して西国や坂東の観音霊場の様子が修験者《しゅげんじゃ》や武士などを通じてこの地域にも伝えられるようになった。人々は巡拝を望んだが、実際に赴くことは不可能だったので、秩父の中で修験者や土地の人々が祀った観音堂を巡拝するようになり、やがて三十三か所に固定していったという。

三十三か所という数字は、観音が三十三の姿に化身して人々を救うという信仰から生まれた数字である。なぜ秩父だけ三十四か所なのだろうか。実はそれほど深い意味はなく、もともと西国・坂東と合わせて九十九か所だったが、百か所の方がキリが良いということで、秩父のみ一か所増やされたとのことである。

Q20

鎌倉幕府が整備した「鎌倉街道」は、「いざ鎌倉」のための道だった!?

鎌倉幕府が開かれると、いつでも鎌倉に馳せ参じられるよう、武蔵《むさし》国では各地を結ぶ道路網が整備された。後世、鎌倉街道(鎌倉道《みち》)と呼ばれた道々である。そのなかで、特に鎌倉から東北地方に通じる主要な幹線道路は「上道《かみつみち》」「中道《なかつみち》」「下道《しもつみち》」と呼ばれており、このうち上道と中道が埼玉県を通っていた。

上道は県の中央を南北に貫き、上野《こうずけ》や信濃《しなの》、越後《えちご》に通じていた。源頼朝《みなもとのよりとも》の奥州合戦では、北陸道大将軍の比企能員《ひきよしかず》、宇佐美実政《うさみさねまさ》らが上野の軍勢を率いて越後から出羽《でわ》に向かうよう命じられている。また、長尾《ながお》氏が築城した鉢形《はちがた》城(大里郡寄居町《おおさとぐんよりいまち》)をはじめ根古屋《ねごや》城(所沢市)、雉ヶ岡《きじがおか》城(本庄市児玉町《こだまちょう》)などの中世の城郭、また南北朝の内乱期に足利《あしかが》氏と新田《にった》氏が干戈を交えた小手指原《こてさしがはら》(所沢市)、高麗原《こまがはら》(日高市)、笛吹峠《ふえふき》(嵐《らん》山町《ざんまち》)などの古戦場が上道の街道沿いに集中していることからも、この道がいかに政治・軍事上の要地として重視されていたかが分かる。

一方、中道は埼玉県東部を南北に貫く道路で、奥州に通じる主要道路として「奥大道《おくたいどう》」とも呼ばれた。奥州合戦において、源頼朝自身が大手軍を率いて通過したのもこの道である。中道には入間川や荒川、利根川などの大河が横たわっており、街道沿いの岩淵《いわぶち》や御厩瀬《みませ》、高野《たかの》などには渡し場が設けられていた。鎌倉末期に成立したといわれる『とはずがたり』には、日記の記主である後深草院二条《ごふかくさいんのにじょう》が雪を踏み分けて鎌倉から中道を通って川口に赴いたことがみえ、「前には入間川という川が流れ、その向かいは岩淵宿といい遊女の住処がある」と記している。

以上の幹線道路のほか、県内には上道や中道から分かれた羽根倉道《はねくらみち》、秩父道《ちちぶどう》、慈光寺道《じこうじみち》、熊谷道《くまがやみち》などが縦横に通じていた。これらの枝道も、鎌倉に通じていたことから鎌倉街道と呼ばれることもあった。まさに武蔵国内の道はすべて鎌倉に通じていたといっても過言ではなかった。「いざ鎌倉」の心意気で幕府への忠勤に励んだ武士は多かったが、縦横に張り巡らされた交通網の様子からも、武蔵武士と鎌倉とのつながりの深さがうかがい知れるのである。

Q21

執権北条氏は支配地武蔵を熱心に開発していた！

武蔵《むさし》国は幕府草創期から一貫して、鎌倉将軍の直轄領である関東御分国《ごぶんこく》であった。一国の武士の統率や警察・軍事権を担う守護《しゅご》は代々執権《しっけん》の北条《ほうじょう》氏が務め、幕府の直接支配下に置かれた。武蔵は幕府のおひざ元にして、北条氏権力の基盤となる地域の一つだったのである。

そのため、北条氏が実権を握ると武蔵国の開発は飛躍的に進む。平安中期成立の『和名類聚抄《わみょうるいじゅしょう》』によると、武蔵国の田地面積は三万五五七四町であったが、鎌倉中期に編纂された『拾芥抄《しゅうがいしょう》』では五万一五四〇町と飛躍的に増えている。

北条氏が特に力を入れて開発したのが大田庄《おおたのしょう》だった。埼玉県北部の荒川と利根川に挟まれた百数十か村からなる大規模な荘園である。もとは平安末期の大荘園領主八条《はちじょう》院（鳥羽《とば》天皇の皇女）の荘園だったが、鎌倉幕府が開かれ武蔵が関東御分国になると、幕府は次第に同庄への関与を強めていった。建久《けんきゅう》五年(一一九四)十一月二日には、大田庄の堤防の修築を来年の三月までに終わらせるよう幕命が下されており、頼朝《よりとも》存命時から幕府が同庄を重視していたことが分かる。

北条氏が実権を握ると大田庄の開発はさらに加速する。三代執権北条泰時《やすとき》は、寛喜《かんき》二年(一二三〇)、武蔵国の公文所《くもんじょ》において尾藤左近入道道然《びとうさこんにゅうどうどうぜん》という御家人《ごけにん》を奉行人《ぶぎょうにん》に任命し、大田庄内の荒野を新たに開くことを命じた。利根川と荒川に挟まれた大田庄は河川が乱流する沖積地で、面積も広大だったために未開地が多かったといわれる。

やがてこうした新田開発や治水事業は、大田庄に限らず武蔵野の各地に広がっていった。寛喜四年二月二十六日、武蔵国榑沼《くれぬま》堤が大破したとき、石原経景とともに大田庄開発で実績をあげていた左近入道道然が奉行に任じられて榑沼に派遣されている。仁治《にんじ》二年(一二四一)十二月には、栢間《かやま》氏、多賀谷《たがや》氏など野与党《のよとう》(武蔵七党の一つ)の武士を奉行に任じて、多摩《たま》川を掘削して流水を武蔵野に通し、水田を開く事業が始められている。時代は執権政治の最盛期といわれた北条泰時の晩年にあたる。中世武蔵の発展は、北条氏の権力の拡大と表裏一体の関係にあったといえるのかもしれない。

Q22 近年発掘された中世城郭「難波田城」とはどんな城だったのか？

平成五年（一九九三）、富士見市下南畑《しもなんばた》にある中世の城跡・難波田《なんばた》城跡の発掘調査が開始された。

難波田氏は武蔵七党《むさししちとう》の一つ村山《むらやま》党に属する金子《かねこ》氏の支族で、金子家範《いえのり》の子高範《たかのり》のとき、難波田（富士見市）を領して名字にしたといわれる。高範の兄弟には、保元《ほうげん》の乱や屋島《やしま》の戦いなどで名をはせた金子十郎家忠《いえただ》がおり、足利直義《あしかがただよし》と高師直《こうのもろなお》が争った観応《かんのう》の擾乱《じょうらん》のとき、羽禰蔵《はねくら》（志木市）の合戦で高麗経澄《こまつねずみ》に敗れた難波田九郎三郎や、扇谷《おおぎがやつ》上杉氏の重臣で松山《まつやま》城代・深大寺《じんだいじ》城代を務めた難波田弾正憲重《だんじょうのりしげ》（善銀《ぜんぎん》）などもその後裔と考えられている。戦国期には後北条《ごほうじょう》氏に仕え、豊臣秀吉《ひでよし》の小田原攻めでは憲重の外孫憲《のり》次《つぐ》が松山城代として籠城、降伏している。

難波田城は難波田氏の居城で、荒川下流域右岸の標高約六メートルの自然堤防上に築かれた平城である。敷地面積は約五ヘクタールと推定されている。小田原合戦の後廃城となり、江戸時代に十玉院《じゅうぎょくいん》という本山《ほんざん》派の寺院が建てられたが、同寺も明治初期には廃寺となり、昭和三十六年（一九六一）に埼玉県旧跡に指定された。なお、史跡の西側には、難波田氏の一族のものと伝わる古い五輪塔が残されている。

平成五年に始まった調査の結果、同城の遺構からは戦国時代の堀跡や木橋跡、溝跡などが確認され、板碑《いたび》や陶器などの遺物が多数発見された。堀跡は内堀で、上幅部約一五メートル、深さ二メートルほどの大規模なものであった。内堀からは、曲輪《くるわ》同士を結ぶ木橋の橋脚も発見された。建材は栗の木で、水で腐食しないよう焼き焦がされた跡があった。橋の幅は東端が二・七メートル、西端が一・八メートルと、進むにつれて次第に細くなる特殊な設計になっていたという。

その後、富士見市は平成九年（一九九七）から三年かけて、敷地の一部を難波田城公園として整備。発掘調査の成果と古城図をもとに、戦国期の曲輪や水堀、土塁、追手門、木橋などを復元し、平成十二年に開園した。公園内には古民家なども移築され、市民の憩いの場として親しまれている。

Q23 足利尊氏軍と新田義貞軍が戦った「武蔵野合戦」とはどんな戦いだった?

室町幕府は当初、足利尊氏《あしかがたかうじ》と弟直義《ただよし》の二頭政治で発足したが、間もなく尊氏の執事《しつじ》高師直《こうのもろなお》と直義との対立が深刻化する。両者の対立は、それぞれを支持する諸国の武士を巻き込み、「観応の擾乱《かんのうのじょうらん》」と呼ばれる全国的な争乱に発展した。

この争乱では、武蔵《むさし》武士も直義派と尊氏・師直派に分かれて戦った。観応二年(一三五一)十二月には、直義方だった丹党《たんとう》の高麗経澄《こまつねずみ》が尊氏方に寝返り、鬼窪《おにくぼ》(南埼玉郡白岡町《しらおかまち》)で挙兵して、羽禰蔵《はねくら》(志木市)で難波田《なんばた》九郎三郎らを討っている。

観応の擾乱は、翌年二月に直義が毒殺され尊氏方の勝利に終わったが、争乱は収まらなかった。同年閏《うるう》二月、尊氏に討たれた新田義貞《にったよしさだ》の遺児、義興《よしおき》・義宗《よしむね》が上野《こうずけ》で挙兵。義興たちは後醍醐《ごだいご》天皇の皇子宗良親王《みこむねよし》を迎えて征夷大将軍と呼び、各地で軍勢を招集しながら鎌倉に向けて進撃を開始した。北朝の内部分裂に乗じて、南朝方が攻勢に出たのである。この時、児玉《こだま》・丹《たん》・村山《むらやま》・横山《よこやま》など武蔵七党《むさししちとう》の武士も多数南朝方に加わったが、これらはみな観応の擾乱の際、直義方に属した武士たちだったといわれる。

事態を重く見た尊氏は、いったん鎌倉を放棄して、自ら新田勢を迎え撃つために出陣した。こちらには河越《かわごえ》氏、江戸《えど》氏、豊島《としま》氏など秩父《ちちぶ》氏の一族が多く従ったという。南朝方の反撃は武蔵武士を二分する一大抗争に発展したのである。

閏二月二十日、両軍は人見原《ひとみがはら》（東京都府中市）、金井原《かないがはら》（同小金井《こがねい》市）で激突、新田義興は破れて鎌倉に退いた。続いて、二十八日には新田義宗が小手指原《こてさしがはら》（所沢市）で足利勢と戦ったが、ここでも新田勢が惨敗を喫した。このとき征夷大将軍として義宗の陣にいた宗良親王は「君がため世のため何か惜しからむ　すてゝかひある命なりせば」という和歌を詠じた。激戦の中での、親王の悲壮な覚悟がみてとれる。

小手指原で敗れた新田勢は、高麗原《こまがはら》（日高《ひだか》市）・笛吹《ふえふき》峠（嵐山町《らんざんまち》）でも敗れて、義宗は越後《えちご》方面に逃走、鎌倉を占拠していた義興も後を追った。『太平記』は、武蔵野《むさしの》を舞台とした一連の戦いを「武蔵野合戦」と呼んでいる。新田勢を退けた尊氏は無事鎌倉に帰還し、ここに関東制圧をめざす南朝勢力の野望は潰えたのだった。

Q24

足利尊氏の次男・基氏が派遣された「入間川御所」の役割とは何か？

室町幕府の関東支配の拠点は鎌倉であり、その頂点に君臨していたのが鎌倉公方《くぼう》だった。ところが南北朝時代の一時期、武蔵《むさし》の入間《いるま》川付近が御所になったことがある。

文和《ぶんな》二年（一三五三）、南朝勢力が京に攻め込み、後光厳《ごこうごん》天皇や足利尊氏《あしかがたかうじ》の嫡男義詮《よしあきら》が京を追われる事件が起きた。鎌倉にいた尊氏は、義詮を支援するために急遽《きゅうきょ》上洛する。しかし、武蔵野《むさしの》合戦で新田《にった》勢を駆逐したとはいえ、関東でもいつ南朝勢力が攻勢をかけてくるか分からない状況だった。そこで尊氏は十四歳の次男基氏《もとうじ》に関東執事《しつじ》（後の関東管領《かんれい》）畠山国清《はたけやまくにきよ》をつけて入間川に派遣し、新田勢の再起に備えさせた。これより基氏は入間川殿、入間川御所と呼ばれ、宿営地は入間川御陣《ごじん》といわれた。

入間川御陣の場所は分かっていないが、徳林寺《とくりんじ》（狭山《さやま》市入間川）の付近にあったとする説が有力である。また、江戸時代の『新編武蔵風土記稿《しんぺんむさしふどきこう》』は、対岸の永代寺《えいだいじ》が「御所」と呼ばれていたことから、同寺を御陣に比定している。いずれにせよ、ここは鎌倉から信濃《しなの》や上野《こうずけ》、越後《えちご》に至る上道《かみつみち》に沿った交通の要衝であり、入間川に接する要害の地でもある。上野・越後方面の南朝勢力に備えるには最適の場所だった。

延文《えんぶん》三年(一三五八)四月、京で尊氏が死去すると、越後に逃れていた新田義興《よしおき》が上野に帰り、鎌倉に攻め込む姿勢を見せた。そこで畠山国清は、義興の旧臣竹沢右京亮《たけざわうきょうのすけ》に命じて偽りの降伏をさせ、同年十月、江戸高良《えどたかよし》・冬長《ふゆなが》とともに、義興を矢口《やぐち》の渡し(東京都大田区矢口または同稲城市矢野口《いなぎやのくち》)で謀殺した。『太平記』によると、謀略によって殺された義興は怨霊となり、江戸高良を狂い死にさせ、雷火によって入間川の在家三百余、堂舎仏閣数十か所が燃え尽きたという。

その後も数年間、基氏は入間川に滞在していたが、康安《こうあん》二年(一三六二)頃、嫡子金王丸《きんおうまる》(のちの氏満《うじみつ》)に陣を引き継いで鎌倉に帰還したようだ。その後、基氏は畠山国清を排斥し、代わりにかつて新田義興に与《くみ》して尊氏の怒りを買い、越後に隠棲していた上杉憲顕《のりあき》を関東執事に復帰させた。これ以後、越後・上野方面の危機はなくなり、入間川御陣は関東防衛の使命を終えたのである。

Q25 なぜ埼玉県には2万以上の石の塔婆「板碑」が残されているのか?

板碑《いたび》は死者や先祖の供養のために建てられた平らな石の塔婆《とうば》である。てっぺんが山形で、その下に二本の横線を刻み、塔身部に梵字《ぼんじ》や銘文(偈文《げもん》、紀年、造立者《ぞうりゅうしゃ》、造立趣旨など)が彫り込まれているのが基本的な形である。鎌倉前期に出現し、南北朝内乱期に造立のピークを迎え戦国期にほぼ消滅した、中世独特の宗教的遺物である。

造立地域は、北は青森から南は九州におよぶが、埼玉県は全国でもっとも板碑が多い地域で、二万余基の現存が確認されている。ことに大里《おおさと》郡江南町《こうなんまち》の板碑は現存最古のもので、嘉禄《かろく》三年(一二二七)の紀年銘をもつ。このほか同町には安貞《あんてい》二年(一二二八)、寛喜《かんき》二年(一二三〇)の板碑もあり、それぞれ日本で二・三番目に古い。また、長瀞町《ながとろまち》には五メートルを超える日本最大の板碑がある。最古・最大の板碑が秩父《ちちぶ》地方に集中しているのは、原材料となる緑泥片岩《りょくでいへんがん》(秩父青石《あおいし》)の採掘場所が、長瀞町や小川町《おがわまち》など、秩父地方に限定されていたためと考えられている。秩父は板碑の故郷であり、中世を通して板碑生産の先進地域だったのである。

鎌倉期の板碑は彫りが深く、形も大型なものが多いが、時代が下るにつれて小型で彫りが浅いものが多くなる。当初、支配階級である上級武士が造立の主体であったが、徐々に一般の人々の間に浸透していったのだろう。また、九割近くは阿弥陀如来《あみだにょらい》を表す梵字や画像が彫られており、中世における浄土《じょうど》信仰の広がりもうかがわれる。

武蔵《むさし》には南北朝時代の板碑も多いが、そのほとんどが北朝の元号を使用しているのも特徴的である。武蔵で一貫して北朝勢力が強かったわけではない。武蔵野《むさしの》合戦において、武蔵武士の多くが南朝方に与《くみ》したように、北朝・南朝のいずれにつくかは、その時々の政治動向や勢力の大きさに左右された。

それでも武蔵に北朝元号の板碑が多いのは、武蔵が関東における足利《あしかが》氏の拠点の一つであり、最終的に北朝が勝者となったことと無関係ではないだろう。北朝の勝利が確定した時点で、南朝方の元号を使った板碑は破却された可能性もある。一見、政治とは無関係な宗教的営みの中にも、当時の社会状況が色濃く反映されているのである。

Q26 『男衾三郎絵詞』はなぜ、武蔵を舞台として描かれているのか?

『男衾三郎絵詞《おぶすまさぶろうえことば》』は武蔵《むさし》国の武士、男衾三郎を主人公とする物語で、十三世紀末に成立したと考えられている。作者は未詳。現存するのは前半だけだが、美術史的な重要性はもちろん、在地武士の生活を生き生きと描いている点で中世史の史料としても貴重である。特に男衾三郎の館における笠懸《かさがけ》や弓張《ゆみは》りの場面は、武士の生活を知る手掛かりとして、しばしば歴史教科書や参考書に引用される。

物語の内容は次のとおりである。武蔵国に男衾三郎と吉見《よしみ》二郎という兄弟がいた。二郎は美人妻をめとり、観音に祈って授かった慈悲という美しい娘がいた。一方、三郎は関東一の醜女を妻に迎え、武芸一辺倒の生活を送っていた。ある時、兄弟は京都の内裏警固のために上洛したが、その途中、兄の二郎が山賊に襲われて命を落とす。帰国した三郎は兄の所領を押領《おうりょう》し、慈悲を引き取って下女としてこき使った。ある時、慈悲は館を訪れた新任国司《こくし》に見初められるが、三郎の妻が自分の醜い娘を慈悲であると偽って差し出したため、国司はがっかりして帰り、慈悲を慕う和歌を詠んだ。

後半が失われているため結末は分からないが、その後三郎夫妻に罰があたり、観音の利生《りしょう》によって、慈悲と国司が結ばれるというストーリーが想定されている。

この絵巻はどこまで史実を反映しているのだろうか。男衾氏と吉見氏は、実際に鎌倉御家人《ごけにん》の中にその姓を見いだすことができる。吉見庄は源頼朝《みなもとのよりとも》の弟範頼《のりより》の所領で子孫は吉見氏を称した。また、畠山重忠《はたけやましげただ》の邸は男衾郡にあり、弟重宗《しげむね》が男衾氏を称している。架空の呼称ではないが、それぞれ源氏と平氏なので一族ではありえない。

おそらく当時の人々には「坂東《ばんどう》武士といえば武蔵」というイメージがあったのだろう。そこで東国武士を描くにあたって、象徴的な場所として武蔵が設定され、東国武士の典型といわれた畠山氏と、源氏の末裔の吉見氏が物語に描かれたのではないだろうか。また、物語の内容からすると必ずしも舞台が武蔵である必然性はなく、テーマも男衾三郎の話というより観音利生譚《たん》の性格が濃い。貴重な史料であることに代わりはないが、内容はあくまで観音信仰をベースにしたおとぎ話と見た方がよさそうだ。

もっと知りたい歴史こばなし②

埼玉県の面白名字と長い名字

埼玉県の名字ランキング（森岡ランキング）では鈴木、高橋、佐藤、小林と続くが、新井が第８位に入っているのが目立つ程度で、全国順位と大きな差異はない。新井姓は埼玉県に全国の３割近くが集中しているとされる。

埼玉県らしい名字というと武士団「武蔵七党《むさししちとう》」に発する「阿佐美《あさみ》」氏である。これは有道維行《ありみちこれゆき》を祖とする児玉《こだま》党に属する鎌倉御家人で、児玉郡入浅見村（現本庄市）に居住した阿佐美弘方《ひろかた》に始まる。秩父地方を中心に奥多摩や群馬南部に集中分布している。バリエーションに「阿左美」「阿左見」「阿佐見」「浅見」がある。

珍しい名字には「遊馬《あすま》」「廿楽《つづら》」「銭場《せんば》」「舎利弗《とどろき》」「集貝《ためがい》」などがあり、公家の正親町三条《おおぎまちさんじょう》・勘解由小路《かでのこうじ》と並んで漢字字数でもっとも長い名字とされる「左衛門三郎《さえもんざぶろう》」が、さいたま市にある。勘解由小路・正親町三条ともに京都の地名からきているが、左衛門三郎は地名由来なのかはっきりしない。弘仁《こうにん》３年（811）に置かれた中央官庁の１つ「左衛門府」と関連付けて説かれる場合もあるが、確証はないようだ。

第3章

埼玉県の戦国時代

岩槻公園内に移築現存している
岩槻城の黒門（さいたま市）

第3章 時代をよむ

関東管領上杉氏と北条氏の角逐

関東一円では、享徳《きょうとく》の乱以降から争乱状態に陥っており、戦いには必ず古河公方《こがくぼう》と山内《やまのうち》・扇谷《おおぎがやつ》の両上杉氏の姿があった。

争乱に強烈なインパクトを与えたのは、伊豆国《いずのくに》韮山城《にらやまじょう》に本拠を置いた北条早雲《ほうじょうそううん》である。明応《めいおう》四年(一四九五)、早雲は小田原城主である大森《おおもり》氏を攻略すると、その名は瞬く間に関東一円に広がった。戦国時代の幕開けである。

早雲の没後、あとを継いだのは子息の氏綱《うじつな》であった。氏綱は早くから関東進出を目論んでおり、大永《だいえい》四年(一五二四)に江戸城を攻略した。江戸城に足がかりを得た氏綱は、翌年に岩槻《いわつき》城を奪取し武蔵《むさし》北部に侵攻したのである。

江戸城を追われた上杉朝興《ともおき》は、越後《えちご》国の長尾為景《ながおためかげ》(上杉謙信の父)に援軍を求めるなど、戦乱はますます長期化そして拡大化した。天文《てんぶん》六年(一五三七)七月、氏綱は軍勢を率いて松山《まつやま》城を攻め落とすと、上杉氏との攻防にひとまず決着をつけた。氏康《うじやす》の代に至っても上杉氏との戦いは続き、ついには越後国の長尾景虎《かげとら》（のちの上杉謙信《けんしん》）が上杉氏に支援の手を差し伸べた。以降、北条氏は今川氏、武田氏との三国同盟を基軸としつつ、上杉氏と何度も刃を交えたのである。

この間、北条氏は領域支配を進めるため、各領国に支城を設置し、城主として一族や重臣を配置した。この支城ネットワークが支配の根幹となった。埼玉県下も例外ではなく、松山城、鉢形《はちがた》城、岩槻城などに北条氏から支城主が送り込まれた。

氏康没後も氏政《うじまさ》は織田信長と結び、関東一円を配下に収めようと画策した。しかし、天正《てんしょう》十年（一五八二）に信長が本能寺《ほんのうじ》で横死すると、その目論見はもろくも崩れ去った。それどころか、秀吉《ひでよし》と折り合いが悪く、ついに両者は決するところとなった。結果は秀吉の圧勝であり、天正十八年（一五九〇）七月に小田原城は開城した。

埼玉県下では忍《おし》城が最後まで粘ったが、小田原城開城の十一日後に開城した。ここに、埼玉県の戦国は終焉し、江戸時代を迎えるのである。

Q27 太田道灌が武名を挙げた「長尾景春の乱」とはどんな事件だったのか？

太田道灌《おおたどうかん》が広く名を知られるきっかけとなった戦いの一つとして、長尾景春《ながおかげはる》の乱を鎮圧したことがあげられる。道灌の軍事的才能は、乱の鎮圧によって関東一円に広がった。では、長尾景春の乱とは、いかなる事件だったのであろうか。

長尾景春は、上野白井城主《こうずけしろいじょうしゅ》（群馬県渋川市《しぶかわし》）で白井長尾氏の当主であった。山内上杉《やまのうちうえすぎ》氏の家宰《かさい》長尾景信《かげのぶ》の子であり、重要な地位にあった。

白井長尾家は、祖父の長尾景仲《かげなか》が山内上杉家の家宰を務めていた。以来、景仲は山内家の筆頭家老として活躍し、父景信も家宰として勢力を伸ばした。つまり、景春は名門の家に生まれ、将来が嘱望されていたのである。

景春は成長すると、山内家の家臣として活躍した。享徳《きょうとく》三年（一四五四）には、享徳の乱で古河公方足利成氏《こがくぼうあしかがしげうじ》と戦った。文明《ぶんめい》三年（一四七一）には、父とともに成氏の籠もる古河城攻めにも参戦している。景春は、優れた軍事的手腕を持っていたのである。

文明五年(一四七三)、父景信が没した。景春は白井城主となるが、予想もしない出来事が起こった。家督と山内家当主上杉顕定《あきさだ》の家宰の地位は、叔父の長尾忠景《ただかげ》が継ぐこととなったのである。本来なら後継者だったはずの景春は、これに対して大きな不満を抱き、やがて顕定や忠景を憎悪するようになった。当然のことであろう。

なぜ家宰職は、叔父の長尾忠景が継いだのであろうか。

家宰職は陪臣《ばいしん》とはいいながらも、関東管領《かんれい》の補佐役ということもあり、関東では大きな権力となっていた。そのような事情もあって、長尾氏は白井長尾家、惣社《そうじゃ》長尾家、犬懸《いぬがけ》長尾家、足利長尾家に分かれ、順番に家宰職を務めていたのである。

しかし、家宰職が景春の祖父景仲、父景信と二代続けて白井家から出ていたことは、白井家の勢力が強大化するという大きな懸念があった。そのことを嫌った上杉顕定は、家宰職をあえて景春ではなく忠景に与えたのである。

父没後から二年後、景春は白井城に籠もるようになった。しかし、文明八年(一四七六)六月、景春は扇谷《おおぎがやつ》上杉氏の家宰・太田道灌の駿河《するが》出兵中を狙って、主君上杉顕定の布陣する武蔵《むさし》五十子《いかっこ》陣の背後の鉢形城に入った。そして、顕定の陣の急襲に成功したのである。

翌年一月になると、景春は動揺した五十子の上杉勢を四散させている。その一方で豊島《としま》氏をはじめ相模《さがみ》、武蔵、上野の武士勢力を広範に結集した。こうした勢力が景春に与《くみ》することによって、景春の反乱は拡大し成功するかにみえた。

しかし、太田道灌が反乱軍の鎮圧に動き、逆襲に転じることになる。文明九年（一四七七）五月、道灌は上杉顕定・定正《さだまさ》と合流し、五十子を奪還することに成功した。道灌の武名は一気に高まった。

景春は道灌と交戦し、武蔵用土原《ようどはら》で敗れ鉢形城に籠もった。ついに窮地に立たされたのである。しかし、そのときは足利成氏の援軍が駆けつけ、何とか難を逃れた。上杉氏と対立する成氏は、景春の強力な支援者だったのである。

文明十年（一四七八）になると、道灌の策略によって、長年対立していた上杉氏と成氏の間で和議が成立した。道灌の強力な交渉力によるものであった。景春は後ろ盾を失ってしまい、はしごをはずされたような形になったのである。

結果的に、景春は道灌の猛攻を受け、難攻不落といわれた鉢形城は落城する。武蔵を追われてしまった景春は、秩父《ちちぶ》へと逃がれざるをえなくなった。

のちに道灌が暗殺されると、成氏のもとにいた景春は、上杉定正に加担して相模で顕定と戦った(長享《ちょうきょう》の乱)。景春の執念であろう。しかし、景春は永正《えいしょう》十一年(一五一四)に亡くなったという。嫡子の景英《かげひで》が景春の後継者となった。

一般的に景春の反乱は、家宰に就任できなかった怨恨が原因とされているが、景春は顕定に代わる主人を擁立していない。したがって、この反乱は景春自身が家宰に就任するために起こしたクーデターではなく、上杉氏を打倒し成り代わろうとした下剋上であったと評価することができる。

逃亡後の景春は、白井長尾氏を保って独自の動きをみせ、晩年の永正七年(一五一〇)にも顕定に背いている。

Q28

岩槻城を築いたのは ホントに太田道真・道灌父子だったのか？

岩槻《いわつき》城は現在のさいたま市岩槻区に、わずかながら痕跡を留めている中世城郭である。普通ならば、とても城跡とは気付かないであろう。この城は、いつ頃、誰によって築城されたのであろうか。新説を交えて考えてみよう。

長禄《ちょうろく》元年（一四五七）、古河《こが》公方《くぼう》・足利成氏《あしかがしげうじ》と扇谷《おうぎがやつ》上杉持朝《もちとも》との対立が深刻化していた。関東における戦乱の激化である。持朝は成氏を牽制するために、家臣である太田《おおた》道真《どうしん》・道灌《どうかん》父子に岩槻城の築城を命じたというのが通説である。

しかし、近年になって、新たな見解も提示されている。つまり、実際に築城されたのは文明《ぶんめい》十年（一四七八）のことであり、築城したのは古河公方に属する忍《おし》城主成田顕泰《なりたあきやす》の父成田自耕斎正等《じこうさいしょうとう》であったという新説である。

これまでは『鎌倉大草紙《かまくらおおぞうし》』を根拠として、扇谷上杉持朝が家宰の太田道真・道灌父子に命じて築城させたと考えられてきた。しかし、岩槻城の名前は、『鎌倉大草紙』以外の同年代における史料である『松陰私語《しょういんしご》』『太田道灌状』にない。不思議といえば不思議であり、そのような点が大いに疑問視された。

忍城主成田顕泰の父自耕斎正等による築城説については、『文明・明応年間　関東《かんとう》禅林詩文等抄録《ぜんりんしぶんとうしょうろく》』や『自耕斎詩軸并序《しじくならびにじょ》』といった重要史料の存在が明らかにされ、これまでの通説に異論を唱えている。この点は無視できない。

ただし、いまだ決着するところではなく、概説書などでは両論併記という形を取っていることも多い。今後も論争は続くであろう。

岩槻城は、のちに太田氏資《うじすけ》が北条氏康《ほうじょううじやす》に内応し、北条氏方になった。永禄《えいろく》十年（一五六七）に氏資が戦死すると、男子がいなかったため北条氏が岩槻城を接収したが、天正《てんしょう》十八年（一五九〇）の豊臣秀吉《ひでよし》による小田原征伐の際に降伏落城した。

現在の岩槻城は新曲輪、鍛冶曲輪《かじくるわ》の痕跡があり、付近一帯を岩槻城址公園として、保存・整備を行っている。

Q29 戦国時代の武蔵国を訪れ、武将たちと交流した文化人とは?

意外に思われるかもしれないが、戦国時代の武蔵国《むさし》には歌人や連歌師など文化人が数多く訪れたことで知られる。そのうち主要な人物を紹介しよう。

京都五山の禅僧で、漢詩人として知られる万里集九《ばんりしゅうく》は、文明《ぶんめい》十七年(一四八五)に太田道灌《おおたどうかん》に招かれて関東に下向した。道灌は文化人と知られた武将でもある。翌年、道灌は暗殺されるが、集九はその後もしばらく関東に留まった。

万里集九は越生《おごせ》に住んでいた道灌の父である道真《どうしん》や須賀谷《すがや》(嵐山町《らんざんまち》)に陣した道灌の子息である資康《すけやす》のもとを訪れ、詩歌の会をたびたび催した。まさしく集九は、関東における文化発展の礎を築いたといっても過言ではない。主著として漢詩文で旅の様子を綴った『梅花無尽蔵《ばいかむじんぞう》』があり、このときの漢詩文が記されている。

二条《にじょう》流の歌人である堯恵《ぎょうえ》も、関東に下向した一人であった。万里集九に遅れること、わずか一年のことである。堯恵は美濃《みの》国から北陸を経由して、武蔵国に入国を果たしたことが確認できる。主著である紀行文『北国紀行《ほっこくきこう》』には、庁鼻和《こばなわ》(深谷《ふかや》市)、鳩が井《はとい》(川口市鳩ヶ谷)などでの様子が詳しく記されている。

同年、聖護《しょうご》院門跡の道興《どうこう》も東国の熊野修験《くまのしゅげん》を本山《ほんざん》派のもとに組織化すべく、わざわざ下向してきた一人である。主著である紀行文『廻国雑記《かいこくざっき》』には、武蔵国で読んだ和歌などが多数記されており、貴重なものである。

永正《えいしょう》六年(一五〇九)には、連歌師である柴屋軒宗長《さいおくけんそうちょう》が下向した。当初、宗長は奥州白河《しらかわ》を目指して旅をしたが、激しい戦乱の最中でもあり断念せざるをえなくなった。代わりに、東国各地を歴訪するようになったのである。この間、宗長は鉢形《はちがた》城の長尾《ながお》顕方《あきかた》のもとを訪ね、また忍《おし》城の成田顕泰《あきやす》のもとでは千句興行《せんくこうぎょう》を行っている。

一見すると、関東では戦いばかりが繰り返され、文化不毛の地であったような印象を受けざるをえない。しかし、実際には数多くの文化人が訪れ、武将とともに詩歌の会を催していたことに注意すべきであろう。

Q30 なぜ戦国時代の武蔵国に修験道が広まったのか？

修験道《しゅげんどう》とは、日本古来の山岳信仰と密教の呪法・修行法が習合して成立した宗教である。始祖は奈良時代の役行者《えんのぎょうじゃ》とされ、行者を修験者《しゅげんじゃ》または山伏《やまぶし》という。天台《てんだい》系（本《ほん》山《ざん》派）は聖護《しょうご》院を中心に、真言《しんごん》系（当山《とうざん》派）は醍醐寺《だいごじ》三宝《さんぼう》院を中心に活動した。

こうした布教活動を通して、各地で檀那《だんな》（旦那）と称される信者の組織が作られた。檀那を組織して布教したり、熊野《くまの》参詣《さんけい》で引率したりする修験者を先達《せんだち》といった。そして、先達や檀那に宿舎の斡旋や祈禱の仲介する者を御師《おし》という。

御師は先達を介して檀那組織と師檀《しだん》関係を持ち、檀那職《しき》という権利を保持するようになった。武蔵《むさし》国においても、檀那組織のあったことがわかっている。

文明《ぶんめい》十八年（一四八六）、聖護院門跡である道興准后《どうこうじゅごう》（本山派）は東国へ下向し、熊野《くまの》先達を統制するとともに、聖護院を本所とする組織に結集しようとした。その事実に関しては、彼自身の紀行文『廻国雑記《かいこくざっき》』に詳しく記されている。

道興は各地の武士の館を来訪するとともに、観音堂《かんのんどう》（狭山市《さやまし》）などの修験道寺院で布教を行っている。その結果、武蔵国内では本山派は圧倒的に優勢となり、修験寺院はその配下に組み込まれるようになった。

その中で、十玉坊《じゅうぎょくぼう》（川越市《かわごえし》、志木市《しきし》）が年行事職《ねんぎょうじしき》を安堵《あんど》されたことは、大きな意味があった。年行事職とは本山から許可を得て、特定地域の修験寺院や檀那を総括するものであった。まさしく大きな利権だったのである。

このことを契機にして、武蔵国内では本山派から年行事職を与えられる修験寺院が次々とあらわれるようになった。

戦国時代が本格化すると、北条《ほうじょう》氏が武蔵国内に勢力基盤を築くようになった。それに伴い、関東における本山派修験も再編されるようになった。これまでは十玉坊が中心であったが、武蔵国内では不動《ふどう》院（春日部市《かすかべし》）が中心となり、本山派修験を統括するようになったのである。

Q31

専門家を悩ませた「杉山城」は、いったいいつ築城された城だったのか？

埼玉県下の中世城郭関係で、たびたび問題になるのが杉山城《すぎやま》(嵐山町《らんざんまち》)である。この杉山城問題とは、いったいどのような問題なのだろうか。

杉山城は現在の嵐山町にあった城郭であり、鎌倉街道を見下ろす丘陵の尾根上に築城され、まさしく交通の要衝地にあった。その高度な築城技術から、杉山城は戦国期城郭の最高傑作の一つに数えられている。最初の築城主は、伝承などによって金子《かねこ》主水《もんど》なる人物といわれているが、詳細は不明である。

ところが、これまでこの城に関する一次史料は皆無とされ、城の縄張り《なわば》から検討して、北条氏《ほうじょう》時代のものであろうと考えられてきた。当時、北条氏は武田、上杉などと激しい戦闘を繰り返していたので、当然と考えられる節があった。

一方、杉山城の発掘調査が進むに連れ、次のようなことがわかってきた。

①建物跡の遺跡が出土しなかった。
②発掘される陶磁器などの遺物の年代は、十五世紀末から十六世紀初頭であること。
つまり、縄張り論から見れば、高度な築城技術であるがゆえに北条氏時代のものと主張されたが、考古学の発掘調査の結果からは、一五〇〇年前後つまり山内《やまのうち》上杉氏と扇谷《おうぎがやつ》上杉氏の時代のものであるという結論となった。こうした大きな矛盾があったことから、「杉山城問題」と称されたのである。

このように縄張り研究者と考古学研究者との間で長らく論争が続いたが、一つの転機をもたらす文献史料が見つかった。

「山田吉令筆記《ひっき》所収家譜《しょしゅうかふ》覚書《おぼえがき》」に収録された足利高基書状写《あしかがたかもとしょじょううつし》（一五二〇年頃か）には、明らかに「椙《すぎ》（杉）山之陣《やまのじん》」と記されているのである。つまり、おおむね一五二〇年頃には杉山城が存在し、少なくともそれ以前に築城されたことを示す傍証となった。

「杉山城問題」には、まだまだ課題が多いものの、縄張り研究、考古学研究、文献研究が一体となって、研究を進める必要があるであろう。

Q32

戦国三大奇襲の一つ「河越夜戦」は有名だが実はよくわからない戦いだった!?

戦国三大奇襲の一つとして有名なのが、河越《かわごえ》夜戦(「河越城の戦い」などとも)である。いったい河越夜戦とは、どのような戦いだったのであろうか。

河越夜戦について語る前に、まず戦国三大奇襲とは、ほかに何があるのか確認しておこう。概要は、次のとおりである。

①厳島《いつくしま》の戦い

天文《てんぶん》二十年(一五五一)、陶晴賢《すえはるかた》は主家である大内義隆《よしたか》を討伐した。当初、毛利元就《もうりもとなり》は晴賢に恭順するが、天文二十三年(一五五四)、晴賢が石見《いわみ》国の吉見《よしみ》氏追討を元就に呼びかけるが拒否。陶氏と毛利氏は、ついに武力衝突へと発展した。

舞台となった厳島では、陶軍二万余に対し、毛利軍三千余と数的には毛利氏が不利であった。しかし、荒天に乗じた毛利軍の奇襲が成功し、陶軍は壊滅、晴賢も自刃した。この結果、まもなく元就は中国地方制覇の土台を固めたのである。

②桶狭間《おけはざま》の戦い

駿河《するが》・遠江《とおとうみ》を本拠に三河《みかわ》を領国化した今川義元《よしもと》は、永禄《えいろく》三年(一五六〇)五月に二万五千余の兵力を動員し、尾張に大規模な侵入を図った。織田信長はこれに防戦すべく対処し、今川氏は途中で本陣を桶狭間に移した。

信長はわずかの兵を率いて清洲《きよす》を出発し、進軍中に善照寺《ぜんしょうじ》砦で兵力を結集させ今川軍に気付かれぬよう、桶狭間の今川本陣を急襲。義元は戦死を遂げ、今川軍は敗走した。この一戦を契機として、信長は天下人への第一歩をしるした。

さて、河越夜戦とは、別名「河越夜軍」とも「天文《てんぶん》の乱」などとも称する。天文十五年(一五四六)四月、北条氏康《ほうじょううじやす》が同綱成《つなしげ》らの守る武蔵《むさし》河越城を救援するために出陣した。そして、その二十日の深夜、氏康と綱成は山内《やまのうち》上杉憲政《のりまさ》、扇谷《おうぎがやつ》上杉朝定《ともさだ》、古河《こが》公方《く》足利晴氏《ほうあしかがはるうじ》らの連合軍を撃破した戦いが河越夜戦である。この前年、氏康は駿河の今川義元と、以前から揉めていた駿河の富士川以東の地域をめぐり交戦した。このとき憲政は義元と同盟し、朝定らと北条綱成の籠もる河越城を攻囲している。氏康が不利に傾くと、晴氏も憲政の支援を決定し、河越城攻めに加わったのである。

まもなく氏康と義元、憲政らとの間にいったん講和が成立したが、天文十五年(一五四六)四月に再び刃を交えた。戦いの概要は、次のとおりである。

軍勢を率いた氏康は、八千の自軍を四隊に分割したという。そのうち一隊を多目元忠《ためもとただ》に預け、戦いが終わるまで絶対に動かないよう命令した。氏康自身は、残った三隊の軍勢を率いて、敵陣である河越城へ軍を進めたのである。

深夜の午前零時頃、氏康は鎧兜《よろいかぶと》を脱がせた兵士たちを上杉連合軍に突入させた。作戦どおり上杉軍はパニック状態に陥り、扇谷上杉氏の当主の上杉朝定、難波田憲重《なんばだのりしげ》が討死にした。上杉軍の士気は、一気に低下した。山内上杉方の上杉憲政は戦場を離脱したが、重臣の本間江州《ほんまごうしゅう》、倉賀野行政《くらがのゆきまさ》を失う結果となったのである。

氏康は敵陣深くに切り込むが、戦況を後方で確認した多目元忠は危険を感じ、軍勢を早々に引き上げさせた。河越城内の綱成は「待ってました」とばかりに足利軍に突入すると、浮き足立っていた足利軍は散々に敗走した。山内上杉憲政、扇谷上杉朝定、古河公方足利晴氏らの連合軍の死傷者は、一万数千人に及んだという。

この結果、朝定らは戦死し、憲政は上野《こうずけ》の平井《ひらい》に逃れ、晴氏は古河に帰ったという。朝定らの敗死により、扇谷上杉氏は滅亡したのである。また、大石定久《さだひさ》や藤田邦房《ふじたくにふさ》らが氏康に服属して、北条氏は北武蔵における支配権の確立に成功した。

この戦いで活躍した北条綱成は、謎の人物である。綱成は父を福島正成《くしままさしげ》として誕生し、のちに小田原の北条氏綱《うじつな》のもとで仕えたという。綱成を一目見て大変気に入った氏綱は、娘を嫁がせて北条一門に迎え、わざわざ北条姓を与えた。綱成という名前は、氏綱の「綱」と父正成の「成」を合わせたといわれている。

しかし最近の研究では、福島正成という人物は実在せず、古記録・古文書にも出てこないと指摘されている。綱成の実父は、大永《だいえい》五年（一五二五）の武蔵白子《しらこ》浜合戦で戦死した伊勢《いせ》九郎、別名櫛間《くしま》九郎という人物である可能性が高いとされている。

Q33

天台宗の古刹・慈光寺の寺宝「千手観音立像」の解体で何がわかった？

慈光寺《じこうじ》は比企《ひき》郡ときがわ町西平《まちにしだいら》の天台《てんだい》宗寺院で、都幾山《ときさん》一乗法華《いちじょうほっけ》院と号する。坂東三十三か所第九番霊場であり、かつては女人禁制《にょにんきんせい》の修験《しゅげん》の寺であった。同寺は七世紀後半に慈光老翁《じこうろうおう》が草創したといい、僧慈訓《じくん》が千手観音《せんじゅかんのん》像を安置したのを開基《かいき》とする。

奈良時代の終わりごろ、鑑真《がんじん》の弟子釈道忠《しゃくどうちゅう》が堂宇を建立して開基第一世となり、九世紀半ば頃には天台別院一乗法華院と称された。中世以降は武家による崇敬の念が厚く、江戸時代には東叡山寛永寺《とうえいざんかんえいじ》末寺となり、関東天台別院となった。

藤原《ふじわらの》（九条）兼実《かねざね》ら一族が寄進した法華《ほっけ》一品経《いっぽんきょう》は、阿弥陀《あみだ》経、般若心経《はんにゃしんぎょう》とともに国宝に指定された。道忠の創建と伝えられる開山塔《かいざんとう》、紙本墨書大《しほんぼくしょだい》般若経、銅鐘《どうしょう》、金銅《こんどう》密教法具は国の重要文化財である。慈光寺は文化財の宝庫であるといっても過言ではない。

このなかでもっとも注目すべきは、本尊の千手観音立像《りゅうぞう》である。同像は高さ二六五センチの県内最大の仏像として知られている。そして、同像が造立された年代は、今まで漠然と室町時代の前半頃と考えられていた。

しかし、平成六年（一九九四）に同像の解体修理が東京国立博物館で行われると、次々に新たな事実が判明した。同像の頭部や胴体を解体することによって墨書銘《めい》が新たに発見されたのである。そして、次のことが判明した。

①頭部は天文《てんぶん》十八年（一五四九）に造立されたこと。

②胴体は享和《きょうわ》二年（一八〇二）に作り直されたこと。

つまり、頭部は戦国時代に作られたが、胴体は破損などの理由で改めて作り直されたことになる。これまで室町時代前半に作製されたという説も、大きく変更されるところとなった。解体修理によってわかった意外な事実である。

同時に墨書銘に見える「西蔵坊重誉《さいぞうぼうじゅうよ》」は慈光寺開山塔の露盤《ろばん》銘の「権大僧都《ごんのだいそうづ》重誉」と同一人と考えられ、同像の作者「大仏師法眼長慶《だいぶっしほうげんちょうけい》」は蓮華《れんげ》院（入間《いるま》市）の千手観音像内にみえる「鎌倉仏師長慶」と同じと考えられている。

Q34

北条早雲の下向に同行したという北条氏の重臣大道寺氏とはどんな一族か？

大道寺《だいどうじ》氏といえば、北条《ほうじょう》氏の家臣として有名である。草創期以来の重臣であるといっても過言ではない。しかし、その系譜には実に謎が多いことで知られている。のちに河越《かわごえ》城代を務めた大道寺氏とは、いかなる一族なのであろうか。

大道寺氏は、山城《やましろ》国綴喜《つづき》郡大道寺荘《だいどうじしょう》(京田辺市)を出身地とするという。古くは平治《へいじ》の乱で敗北し自害した藤原通憲《ふじわらのみちのり》(信西《しんぜい》)の末裔ともいわれており、『寛政重修諸家譜《かんせいちょうしゅうしょかふ》』によると本姓を平氏《へいし》としているが、疑わしい点も多々ある。

戦国時代にあらわれるのは、大道寺重時《しげとき》である。重時は北条早雲《そううん》の従兄弟とされており、当初は山城国に住していた。しかし、のちに早雲が駿河《するが》へ下向すると同行。「御由緒六家《ごゆいしょ》」の一人とされている。

早雲が伊豆《いず》国平定に成功すると、重時は最初の約束どおり家臣として政務を補佐した。小田原城を守備している最中に戦死したとするが、没年は不明である。同じ頃活躍したのが大道寺盛昌《もりまさ》であり、優れた行政手腕で重用されたという。

大道寺氏の中で河越城代として活躍するのは、盛昌、周勝《かねかつ》、資親《すけちか》であるが、もっとも優れた手腕を発揮したのは政繁《まさしげ》である。

北条氏康《うじやす》・氏政《うじまさ》・氏直《うじなお》の三代に仕えた政繁は、氏政から「政」字を与えられたという。重用された証であるが、河越城代としての実績も残した。治水工事、金融商人の登用、掃除奉行、火元奉行による城下振興などがあげられる。

天正《てんしょう》十二年(一五八四)には、坂戸《さかど》宿を開いた。内政面だけではなく、合戦では「河越衆」を率い、北条氏の主要な合戦に出陣して軍功を挙げている。

天正十八年(一五九〇)の豊臣秀吉《ひでよし》による小田原征伐で、政繁は上野《こうずけ》国の松井田《まついだ》城を守備した。しかし、敗北して開城降伏すると、以後は豊臣方に加わって北条氏攻撃に転じた。小田原城陥落後、秀吉から開戦責任を追及され、本城である河越城下の常楽《じょうらく》寺《じ》(河越館)で切腹を命じられている。

Q35 北条氏が領国にはりめぐらせた支城ネットワークとはどんなシステム？

北条《ほうじょう》氏の領国が拡大化する過程で、その地域をいかにして支配するかが大きな課題となった。そのために考えられたのが、支配領域に支城を置き、一族や重臣を配置するというシステムである。いわゆる支城ネットワークである。

北条氏から任命された支城主は、自身の「領」支配に一定の裁量権を認められており、小田原本城が統括を行った。こうして、小田原本城と支城を結ぶネットワークが構築され、支配の根幹を成すようになったのである。

支城領主の多くは、印判状《いんばんじょう》と呼ばれる文書を駆使して支配を展開した。これは、通常の花押（サイン）ではなく、印を文書に押す形式のものである。

その例の一つに、松山城《まつやま》（吉見町《よしみまち》）がある。同城は河越《かわごえ》夜戦以降、北条氏の支配下に組み込まれ、狩野介《かのうのすけ》ら十五名が「松山衆」と称された。上杉謙信《けんしん》の関東出兵に伴い、同城は北武蔵《むさし》の重要拠点として位置づけられたのである。

永禄《えいろく》六年(一五六三)、北条氏配下の上田朝直《ともなお》が支城主に任命されると、以後は長則《ながのり》、憲直《のりなお》(憲定《のりさだ》)と子孫に受け継がれている。彼らは印判状を駆使し、比企《ひき》郡のほぼ全域と入間郡、秩父郡の一部に支配を展開した。

岩槻城も代表的な支城の一つである。岩槻城は長らく太田氏の居城であったが、永禄七年(一五六四)に資正《すけまさ》の嫡男である氏資《うじすけ》が北条方と結ぶと、以後岩槻領は北条氏の支配下へと変わっていった。

その三年後、氏資が亡くなると、岩槻領は北条氏の直轄領となり、北条氏政《うじまさ》の子である氏房《うじふさ》が太田氏の名跡を継承した。以来、氏房は印判状を駆使し、足立《あだち》郡から比企郡の一部に及ぶ岩槻領に支配を展開したのである。

このほかにも、鉢形《はちがた》城(寄居町《よりいまち》)、忍《おし》城(行田市《ぎょうだ》)なども北条氏の支城領として知られている。このような支城ネットワークを駆使し、北条氏は、現在の埼玉県内にも徐々にその影響力を及ぼしたのである。

Q36

北条氏康の三男が入った鉢形城は、長尾景春が築いた城を整備したものだった！

戦国時代の鉢形城《はちがた》は、交通の要衝地に位置し、戦略上も極めて重要な城郭の一つであった。その姿とは、いかなるものなのだろうか。

鉢形城は、大里郡寄居町《おおさとよりいまち》鉢形に城址が残っている。城の北西側は、荒川に面した高さ一〇〇メートル程度の断崖になっている。城の背面には、荒川の支流である深沢川が流れており、天然の要害にふさわしい地形である。

鉢形城がいかに峻厳であるかは、ここを訪れた万里集九《ばんりしゅうく》が「鉢形の城壁は鳥すらもうかがい難いほどである」と『梅花無尽蔵《ばいかむじんぞう》』に書き記しているほどである。

では、鉢形城は、いつ頃築城されたのであろうか。伝承によると、平安時代末期から鎌倉時代初期にかけて、源経基《みなもとのつねもと》や畠山重忠《はたけやましげただ》がすでにこの地に拠っていたという伝承がある。ただし、これを裏付ける史料はない。

たしかな史料によると、文明《ぶんめい》五年(一四七三)から三年ほどかけて、長尾景春《ながおかげはる》が築城したとの記録がある。鉢形城をめぐっては、かつて関東管領山内《かんれいやまのうち》上杉氏と執事《しつじ》長尾氏が争ったこともあり、十分に信頼できると考えられる。

のちに北条氏綱《うじつな》が山内上杉氏を討伐すると、天神山《てんじんやま》城主藤田康邦《ふじたやすくに》の女婿となった氏《うじ》康《やす》の三男乙千代《おとちよ》が鉢形城に移り城主になった。乙千代は永禄《えいろく》七年(一五四六)頃に元服し、北条氏邦《うじくに》と名乗っている。

鉢形城の位置は、秩父《ちちぶ》から雁坂《かりさか》峠を越えると、武田氏の領国である甲斐《かい》に到達した。また、鎌倉街道上道《かみつみち》を利用すると、上野《こうずけ》国を経て越後《えちご》国や信濃《しなの》国へ行くことも可能であった。敵の動静を探るうえで、重要な拠点であった所以である。

鉢形城主となった氏邦は、城下町の整備に腐心するとともに、軍事編成にも力を入れた。領内の土豪や地侍は、「秩父衆」などのように地域ごとに編成された。そして、彼らには軍事面も含め、城郭の整備にもあたらせている。

現在、鉢形城は公園として整備されており、博物館もある。

Q37 「天下一の名将」と豊臣秀吉に評された太田資正とは?

天正《てんしょう》十八年(一五九〇)における小田原北条氏の征伐の際に、豊臣秀吉《ひでよし》は徳川家康《いえやす》に次のようなことを述べたと伝わっている。

「関東には、実に不思議なことがある。天下は我らのような者でも取れるのに、太田《おおた》資正《すけまさ》ほどの有能な者が一国も取れないのは実に不思議なことだ」

資正の能力を高く評価するのは、何も秀吉だけに限らなかった。上杉氏の重臣で軍師としても知られる宇佐美定行《うさみさだゆき》も次のようなことを言った。

「私が主君として仕えたいと思った人物は、上杉謙信《けんしん》公の他にいるとするならば、太田資正だけである」

このように、周囲から高い評価を得た太田資正ではあるが、現在ではほとんど知られていない人物であろう。たしかに、ほとんど目にすることがない名前である。それでは、資正とは、いったいどのような人生を歩んだのであろうか。

資正は大永《だいえい》二年（一五二二）に太田資頼《すけより》の子として誕生した。当初、資正は父資頼や兄資顕《すけあき》と同じく、扇谷《おうぎがやつ》上杉氏に仕えていた。天文《てんぶん》五年（一五三六）に父が亡くなると、兄資顕が家督を継承している。ごく普通の家督継承であった。しかし、兄と不仲であった資正は岩槻《いわつき》城を出奔し、舅の難波田憲重《なんばだのりしげ》のいる松山《まつやま》城に奔った。

その後、兄は相模《さがみ》国北条《ほうじょう》氏へ仕えるが、資正は憲重らとともに扇谷上杉氏に仕え続けたといわれている。兄との確執は続いたのである。

天文十五年（一五四六）の河越《かわごえ》夜戦で主君・上杉朝定《ともさだ》が討死にすると、扇谷上杉氏は滅亡した。主君を失った資正は松山城を退き、横瀬《よこせ》氏の支配下にあった上野新田《こうずけにった》に逼塞《ひっそく》するが、翌年九月には松山城を急襲して奪回に成功している。

天文十六年十月に兄が亡くなった。兄の死を契機にして、資正は同年十二月に岩槻城を攻撃し家督を奪還している。しかし、すぐに北条氏が反撃に転じ、味方も北条氏に寝返ることもあって、資正は翌年一月には北条氏の軍門に下った。

北条氏の家臣になった資正は、主に北関東の常陸国方面を転戦した。一方で、北条氏康は資正が名門太田家の子孫であることに敬意を払っていたという。名目上とはいえ、資正を古河公方足利義氏《こがくぼうあしかがよしうじ》の家臣として処遇したのは、そのあらわれの一つである。また、資正の嫡男である氏資《うじすけ》と自分の娘との婚約を行ったが、その記録は当時の婚礼関係のものとして非常に貴重なものである。

しかし、永禄《えいろく》三年(一五六〇)、上杉謙信《けんしん》が越後《えちご》国から大軍を率いて小田原城に侵攻した。すると、資正はこれまでの態度を改め、北条方を寝返り上杉軍の先鋒を務めた。資正は再び北条氏から離反し、上杉方へと転じたのである。

北条氏康《うじやす》は資正を討伐すべく、立て籠もる岩槻城、松山城を徹底的に攻撃した。この戦いでは、実にユニークな逸話が残っている。

『甲陽軍鑑《こうようぐんかん》』という編纂物によると、資正は軍用犬を活用していたことが記されている。資正は城内に軍用犬を飼いならし、敵が攻めて来たときに書状を入れた竹筒を犬の首に結び付け城外に放つのである。こうして、味方と連絡を取ることによって、北条勢を撃退したというのであった。まさに革新的な作戦である。

北条側は忍びである風魔一党に命じて使者を捕殺することができても、犬までは捕殺できなかった。そのため、重要な軍事行動が太田側に知られてしまったのである。このことで資正の名将ぶりは、人々の間で高く評価されたという。

永禄七年、親北条派の子息・氏資の裏切りによって、資正は岩槻城を追放された。資正は下野宇都宮《しもつけうつのみや》氏を頼り岩槻城奪還を目指したが失敗。常陸《ひたち》国の佐竹義重《さたけよししげ》の配下となった。義重が小田天庵《おだてんあん》(氏治《うじはる》)を破り片野《かたの》城を奪うと、資正はその城主に任ぜられた。資正の名は信長や秀吉《ひでよし》の耳にも入り、「片野の三楽《さんらく》」として名を馳せた。

天正《てんしょう》十八年(一五九〇)、名実ともに天下人となりつつあった豊臣秀吉が小田原征伐に姿をあらわした。資正は佐竹義宣《よしのぶ》・宇都宮国綱《くにつな》とともに小田原を訪問し、秀吉に謁見している。しかし、本拠である岩槻に帰ることはできず、翌天正十九年(一五九一)九月八日、七十歳でこの世を去った。

Q38

〝のぼうの城〟忍城水攻めはなぜ失敗したのか？

小説『のぼうの城』でも話題になった忍城《おし》。石田三成《いしだみつなり》による水攻めはあまりに有名である。しかし、なぜ三成の水攻めは失敗したのであろうか。

忍城は、行田《ぎょうだ》市本丸《ほんまる》にある。城の周囲はかつて湿地帯に囲まれており、典型的な水城として知られている。永正《えいしょう》六年（一五〇九）、連歌師の宗長《そうちょう》が忍城を訪れた。その際、城の周囲が沼に囲まれ、霜で枯れた葦が幾重にも重なり、水鳥が多く見え、まさに水郷である、と日記に記したほどである。

鎌倉時代には忍氏が拠ったと伝えられ、やがて行田周辺の武蔵《むさし》武士のなかから成田《なりた》氏が台頭し、忍城を築城したという。文明《ぶんめい》十一年（一四七八）、古河公方足利成氏《こがくぼうあしかがしげうじ》は書状に「忍城」、「成田」と記しているので、この頃には完成したのであろう。

当時の城主は成田顕泰《なりたあきやす》といい、以後親泰《ちかやす》、長泰《ながやす》、氏長《うじなが》と四代にわたり、成田氏は戦国期にかけてこの城を中心に成長・発展した。当初の成田氏は、山内《やまのうち》上杉氏、上杉謙《けん》信《しん》に属していたが、長泰の代に北条《ほうじょう》氏の配下となったことを確認できる。

天正《てんしょう》十八年（一五九〇）、豊臣秀吉《ひでよし》による小田原征伐が行われると、忍城主の成田氏は北条氏の配下にあったため、秀吉方の武将である石田三成の攻撃を受けることになった。このことが、忍城水攻めの契機になったのである。

同年六月五日、三成は地形や季節を考慮して、水攻めによる攻撃を決定した。三成はわずか一週間ほどで二八キロにもおよぶ堤を築き、利根川と荒川の水を引き入れ、城を沈めようとした。これが、通称〝石田堤《いしだつつみ》〟と称されるものである。

しかし、予想に反して、城が沈むことはなかった。当時の人々は城が浮くからだと考え、忍城を「浮き城」と称した。その名は、天下に轟いたのである。ただし、実際には、忍城の地形が周囲より高かったため、沈まなかったといわれている。その後、堤は決壊し、三成による水攻めは失敗に終わった。結局、忍城は小田原城落城後の七月十四日に開城し、豊臣軍に引き渡されたのである。

Q39 忍城籠城戦で華々しく奮戦した城主の娘・甲斐姫とはどんな女性だった?

天正《てんしょう》十八年(一五九〇)七月に小田原城が落城すると、豊臣秀吉《ひでよし》に屈した忍城《おし》が開城された。ここまで戦いを継続できたのは、成田氏長《なりたうじなが》の娘・甲斐《かい》姫の奮闘にあったといっても過言ではない。いったい甲斐姫とは、いかなる人物なのであろうか。

甲斐姫は、忍城主成田氏長の長女として誕生した。生年は不明である。甲斐姫は才色兼備の美女で、男子ならば世継ぎに相応しい優秀な女性であったといわれている。甲斐姫は、母が違う次女巻《まき》姫、三女敦《あつ》姫の面倒をよく見ており、継母とも仲がよかったという。生まれながらにして優れた才覚を持っていたのである。

天正十八年六月になると、北条《ほうじょう》氏に敵対する豊臣方の武将である石田三成《いしだみつなり》が忍城を攻撃してきた。当時、成田氏は北条《ほうじょう》氏に与《くみ》していた。甲斐姫は成田家伝来の名刀「浪《なみ》切《きり》」を振りかざし、敵陣へと深く切り込んで行った。そして、敵兵を次々と打ち倒し、獅子奮迅のごとき戦いぶりを見せたのである。

甲斐姫の戦いぶりは味方を鼓舞し、敵をも恐怖に陥れた。しかし、健闘も空しく、小田原城の北条氏は降伏。忍城も止む無く秀吉の軍門に下らざるを得なかった。

無念にも忍城が開城されると、成田氏長をはじめ継母、甲斐姫以下の三姉妹は馬にまたがって城をあとにした。しかし、氏長に対する処分は実に寛大なもので、蒲生氏《がもうじ》郷《さと》の家臣となり、烏山《からすやま》に二万七千石を与えられたのである。

問題は大いに活躍した甲斐姫の扱いであった。豊臣方に多大な被害を与えた以上、厳しい処分は免れ得ないと誰もが考えた。しかし、処分は意外なもので、甲斐姫は秀吉の側室になることを強要されたという。おそらく成田一族の処遇と引き換えであったのであろう。残念ながら、その後の甲斐姫の動静は明らかではない。

秀吉の側室となった甲斐姫は、のちに秀頼の娘である奈阿姫(のちの天秀尼)の養育に携わった。そして、鎌倉東慶寺の門跡になった。成田氏は江戸初期に断絶。せっかくの甲斐姫の努力が水泡に帰したのである。

Q40

徳川家康家臣・松平家忠が日記に書いた北条氏滅亡後の忍城での日々とは？

天正《てんしょう》十八年（一五九〇）の小田原城落城によって、関東の戦国時代は終焉を迎えたといっても過言ではない。その直後に、開城した忍城《おしじょう》（行田市《ぎょうだし》）に入ったのが、のちに征夷大将軍に就任する徳川家康《いえやす》の家臣・松平家忠《いえただ》であった。

家忠は、深溝《ふこうず》松平伊忠《これただ》の子として弘治《こうじ》元年（一五五五）に誕生した。のちに徳川家康に仕えると、東三河《みかわ》の旗頭の酒井忠次《ただつぎ》の配下で頭角をあらわした。甲州《こうしゅう》平定、小牧《こまき》・長久手《ながくて》の戦での活躍は目覚しく、築城技術に優れ普請《ふしん》の巧者でもあった。

その家忠の残した日記が『家忠日記』である。天正五年（一五七七）十月から文禄《ぶんろく》三年（一五九四）九月の間の十八年間分を記録した七冊が現存しており、非常に貴重なものである。安土・桃山時代の重要な基礎史料でもある。

そして、『家忠日記』には、以下に述べるとおり、忍城時代の家忠の記録が豊富に残っている。この点は、特筆すべきであろう。

家忠の本拠は、三河国深溝（愛知県幸田町《こうたちょう》）であったが、小田原城落城後に命令を受け、江戸に向かっていた。当初、家忠は河越城《かわごえ》（川越市）の支配を命じられたが、のちに思いがけず知行割が変更となり、忍城へ赴いたのである。

当初、忍城は家康の四男である松平忠吉《ただよし》が赴任する予定であったが、城は戦いですっかり荒廃しており、修繕が必要であった。そこで、築城技術に優れた家忠が、城の修繕を行うために赴くことになったのである。以後、家忠の忍城での生活は、文禄元年（一五九二）二月まで続くことになる。

忍城に入った家忠がまず行ったのは、城下町の整備であった。城下町では、定期的に六歳市が開かれたが、争いごとが絶えなかったようである。

『家忠日記』には、鷹狩りに関する記事も見え、江戸御鷹飼衆《おんたかかいしゅう》百五十人が忍城に滞在することもあった。さらに、城内では連歌会が行われることもあった。このように、『家忠日記』は忍城での生活ぶりを伝える記事が見られるのである。

もっと知りたい歴史こばなし ③

『太平記絵巻』は埼玉県のお宝

昭和47年(1972)、前年に開館した埼玉県立博物館(現埼玉県立歴史と民俗の博物館)は、都内の古書店から軍記物語の『太平記《たいへいき》』を華麗な筆致で絵画化した『太平記絵巻』第1巻を購入した。その後、平成7年(1995)にニューヨーク・サザビーズのオークションで第7巻を落札。翌8年には今度はニューヨーク・クリスティーズのオークションで第2巻、平成13年にはサンフランシスコのオークションで第10巻を落札(購入価格は経費を含め約2300万円)、平成14年にはロンドン・クリスティーズのオークションで第6巻を約3220万円で落札。こうして全12巻本のうち、実に5巻分の『太平記絵巻』原本を埼玉県が所有することになったのである。第1巻以外はオークションだから、相当な金額が費やされた文字どおりの「お宝」となった。この『太平記絵巻』は江戸前期の著名な絵師・海北友松《かいほうゆうしょう》の子で、やはり絵師であった海北友雪《ゆうせつ》作と推測されている。友雪は延宝《えんぽう》5年(1677)に亡くなっているので、推定が正しければ17世紀の作品ということになる。

第4章

埼玉県の江戸時代

塙保己一銅像（塙保己一記念館。本庄市）

第4章 時代をよむ

天領・旗本領と四つの藩があった江戸時代

江戸時代の県内は、複雑に入り組んだ天領《てんりょう》・旗本《はたもと》領・藩《はん》領で全石高がほぼ三等分され、残りのわずかな領土(全体の一パーセント程度)に寺社領が散在するという状況だった。

天領は、主に県域南東部や秩父《ちちぶ》の山地にあり、幕府の代官が統治。とくに江戸時代のはじめに登場した能吏・伊奈《いな》忠次《ただつぐ》・忠治《ただはる》親子が利根川の東遷をはじめとする治水事業や検地、新田開発で活躍したことが知られている。

旗本領は、県域東北部や西部山麓に分布し、その数六百余り。数百石ほどの小規模領地が大半で、なかには数人で一村を支配する相給《あいきゅう》知行地《ちぎょうち》も存在していた。

県内に本拠を持った主な藩は、忍《おし》藩(最終石高は十万石、藩庁は行田《ぎょうだ》市)・岩槻《いわつき》藩(二万三千石、岩槻市)・川越《かわごえ》藩(八万石、川越市)・岡部《おかべ》藩(二万石、深谷《ふかや》市)の四つ。岡部藩を除く三つは「武蔵《むさし》三藩」と総称され、なかでも川越藩は城下町に「小江戸《こえど》」と呼ばれるほどの繁栄を築いた。また、岡部藩は、県内の藩領よりも飛地《とびち》の領土が次第に広くなってきたことから、幕末には飛地の三河《みかわ》国半原《はんばら》（愛知県新城《しんしろ》市）に本拠を移して廃藩。三河国半原藩として生まれ変わり、県内の旧藩領は同藩の飛地となった。

さて、江戸時代初期に街道が整備されると、県内に五街道《ごかいどう》のうち日光《にっこう》街道が県域東部を、中山道《なかせんどう》が県域中央を走るようになり、街道沿いに置かれた宿場は往来する人々で賑った。とくに中山道は、京都に通じる重要な街道であり、人通りも多かったが、街道が賑うと、街道沿いの農民に課せられた助郷役《すけごうやく》（宿場の人馬を補助する夫役）の負担も大きくなる。ついに明和《めいわ》元年（一七六四）にはその不満が一揆にまで発展（中山道伝馬《てんま》騒動）。これにより助郷役の負担増は中止となったが、一揆の中心人物として児《こ》玉《だま》郡関《せき》村（美里町《みさとまち》）の名主・遠藤兵内《えんどうひょうない》が処刑された。

やがて幕末の黒船来航を機に欧米との貿易が始まると、生糸や茶などの輸出が盛んになったことから物価が高騰。各地の村落内で豪農層と貧農層の間に貧富の格差をもたらした。その結果、慶応《けいおう》二年（一八六六）六月に県内で大規模な一揆が発生（武州《ぶしゅう》一揆）。鎖国体制が崩れた幕末の激動を象徴する事件となった。

Q41

越谷に「徳川家康」の伝説が多く残っているのはなぜ？

近世の越谷《こしがや》市は、日光《にっこう》街道の三番目の宿場・越ヶ谷《はとがや》宿が近郷商圏の中心地として繁栄。二と七が付く日には市（六斎市《ろくさいいち》）が立ち、米や縄などの商取引で賑っていた。そして、江戸時代のはじめには、徳川家康《いえやす》がたびたびここを訪れていたことから、越谷には家康ゆかりの場所や伝説が多く残されている。将軍・家康が越谷を訪問する最大の目的は、民情視察をかねた鷹狩り（飼いならした鷹を使った狩猟）だった。

はじめ家康は、いまの越谷市増林《ましばやし》に御茶屋御殿《おちゃやごてん》という別荘を持っていたのだが、慶長《けいちょう》九年（一六〇四）には、日光街道の整備とともにこの別荘を元荒川沿いに移して越ヶ谷御殿を建造。以降、ここを宿所として鷹狩りに興じたという。ちなみに、かつての御茶屋御殿付近にある林泉寺《りんせんじ》境内には、家康が鷹狩りの際に馬を繋いだと伝えられるマキが「駒止《こまどめ》のマキ」として残されている。

さて、明暦《めいれき》三年(一六五七)に起こった明暦の大火で江戸城が全焼すると、越ヶ谷御殿は解体され、その資材が江戸城再建に利用されることとなった。こうして建物は失われたのだが、いまは「御殿町《ごてんちょう》」という地名がかつての名残をとどめている。

相模町《さがみちょう》にある大聖寺《だいしょうじ》も、家康とゆかりの深い場所だ。寺伝によると、中世には不動《ふどう》院とよばれていた同寺を関東に入国した家康が現寺号に改め、寺領六十石を寄進。関ヶ原の戦いの際にも家康が太刀一振を寄進して戦勝祈願を行ったという。また、越ヶ谷御殿と同様に鷹狩りの宿所として利用されていたとも伝えられ、家康が宿泊の際に使用したという寝具も残されている。

その他、野鳥《やちょう》にある浄山寺《じょうざんじ》にも、家康の伝説がある。家康が関東入国の際に寺領三百石を同寺に寄進しようとしたのだが、住職はこれを過分として辞退。ならばと家康は朱印状を書き直そうとしたが、懐紙《かいし》(鼻紙)くらいしか紙を持ち合わせていなかったので、懐紙に「高三石」と記して住職に与えたのだった。のちにこの懐紙は「鼻紙朱印状」と呼ばれたという。また、同寺には、越谷と家康が鷹狩りで繋がっていたことを象徴するかのように、鷹狩り姿の家康の銅像が建てられている。

Q42

川の流れを変える大工事、利根川東遷と荒川の瀬替えはなぜ行われた?

現在の利根川は、県域を通り過ぎた後、茨城県と千葉県の県境を流れて、千葉県銚子《ちょうし》市から太平洋に注いでいる。この利根川がいまの形になったのは、江戸時代に川の流れを大幅に変更する大工事が行われたからだ。江戸時代以前、利根川は、県域を流れた後は江戸湾(現在の東京湾)に注ぐ川だった。また、当時の荒川は、現在よりも東を流れて利根川に合流していたのだが、この東遷と並行して利根川から切り離され、入間《いるま》川筋に合流するよう瀬替《せが》えさせられた。ちなみに、本来の荒川の流路が、現在県域を流れている元荒川である。

さて、利根川の東遷事業は、関東に入国して間もない徳川家康《いえやす》の命令で文禄《ぶんろく》三年(一五九四)に始まり、水流を東に導く赤堀《あかほり》川に水が流れる承応《じょうおう》三年(一六五四)まで、六十年間にわたる大規模な工事だった。ただし、これには異なる見方もあり、文禄三年の開始工事は、利根川の東遷を計画したものではなく、あくまで周辺の土地を洪水から守るためのものだったのではないかとも言われている。そして、この見方によると、はっきりと利根川東遷のビジョンが見えてくるのは、それから約三十年後、赤堀川の開削が始まる元和《げんな》七年(一六二一)以降のことだ。また完成工事についても、承応三年時点ですべての工事が完了したわけではなく、その後も利根川の改修は明治時代後半まで続けられたのだった。

利根川・荒川に関して、これほどまで大規模な改修工事が行われた目的としては、

①江戸および河川周辺地域を水害から守る
②新田の開発
③河川を巨大な堀として軍事的に利用する
④江戸を中心とする水運網の創出

などが挙げられるが、利根川を東遷した理由に焦点を絞るなら、④に注目したい。土木工学の見地からは、東遷の第一の目的は、利根川の水を常陸《ひたち》の川筋に流して東北・北関東と江戸を結ぶ舟運に必要な水量を確保することだったとも考えられている。

Q43

なぜ埼玉県に円空仏が多く残っているのか?

円空《えんくう》は、十七世紀の中頃に全国各地を巡り歩き、生涯で十二万体もの仏像を造ったといわれる僧だ。寛永《かんえい》九年(一六三二)に岐阜県に生まれ、若くして出家。その後、元禄《げんろく》八年(一六九五)年に没するまで、仏像を造りながら全国を行脚《あんぎゃ》した。その行動範囲は広く、東日本を中心に、なんと北海道にも渡っていたという。

円空が各地に残した仏像は、円空仏《ぶつ》と呼ばれ、現在確認されているものだけでも五千体を超える。うち半分以上は愛知県にあり、その数約三千二百体。次に多いのが円空の故郷・岐阜県で約一千六百体。ここからはかなり数が減るものの、それに続くのが埼玉県で、その数は約百七十体である。

なぜ故郷から遠く離れた埼玉にこれほどの数の円空仏が残されているのか、はっきりとした理由はわからない。ただ、その分布がさいたま市や春日部《かすかべ》市、蓮田《はすだ》市など県内東部に集中していることから、おそらく円空が関東に滞在していた時、江戸から日光へ向かう道中でこれらの諸仏が造られたのではないかと考えられている。

円空仏は、独特な作風を持った木彫りの仏像で、荒々しく削られた木材に怒りや笑顔が素朴に表現されているのが特徴的だ。スギやヒノキなどの丸木の原材をいくつかに割って彫刻が施されていされるのだが、やはり円空仏の大きな魅力のひとつは、この木材の割れた面が持つ風合いを巧みに作中に組み込んでいるところだろう。木の温かみや生命力が感じられ、仏像好きのなかでもとくに円空仏ファンがいるのも頷ける。

では、県内にはどのような円空仏があるのか、その代表的な作例を見てみよう。

春日部市小渕《こぶち》の観音院《かんのんいん》には七体の円空仏が伝えられている。なかでも蔵王権現立像《ざおうごんげんりゅうぞう》は全国で唯一の作例で、力強い躍動感に溢れている。また、聖観音菩薩《しょうかんのんぼさつ》立像は像高一九四センチという県内最大級の大きさを誇っている。現在は博物館に寄託(不定期公開)。

大きさで言うなら、八潮《やしお》市八條《はちじょう》の大経寺《だいきょうじ》にある千手《せんじゅ》観音立像が県内最大だ。こちらの像高は二四三センチ。子年と午年の六年に一度、四月十五日から十七日の三日間のみ開帳されている。

Q44

武蔵三藩の居城はなぜ「老中の城」となったのか?

江戸幕府下の老中《ろうじゅう》は、将軍に直属して国政を統括した幕府の最高職である。定員は三~五名。毎月一人が月交代で勤務し、重要事項に関しては合議で決定していた。当初は年寄衆《としよりしゅう》や出頭衆《しゅっとう》などと呼ばれていたが、三代将軍・家光《いえみつ》の時代に老中の呼称が定着。またこの頃にはその職務内容も定められて、制度的にも確立していったのである。

歴代老中は下総《しもうさ》国佐倉《さくら》藩主(千葉県佐倉市)が最も多く、その数は九人。このように、老中を数多く輩出した城(老中になれるような家格の幕府の重臣が入封された城)は「老中の城」などと呼ばれている。そして、当時の県内にもこの「老中の城」は存在していた。江戸時代を通して県内に存在した数少ない城、武蔵《むさし》三藩(忍《おし》・川越《かわごえ》・岩槻《いわつき》)の居城がそれにあたる。

ちなみに、群雄割拠の戦国時代には、八幡山《はちまんやま》城(本庄《ほんじょう》市)や松山《まつやま》城(吉見町《よしみまち》)をはじめ、羽生《はにゅう》や深谷《ふかや》、騎西《きさい》など、県内各地に城は存在していた。しかし、天正《てんしょう》十八年（一五九〇）に徳川家康《いえやす》が関東に入国し、その後の関ヶ原の戦いを経て江戸幕府の体制が整えられるようになると、論功行賞の結果、諸城は城主の移動に伴って廃止。県内には武蔵三藩の三城だけが残されたのだった。

さて、幕府の支配体制がまだ磐石とはいえなかった江戸時代初期、この三城は、江戸から距離が近かったことから、次々と幕府の重臣が配されるようになった。そして、この知行方針により、三城は「老中の城」となっていったのである。寛永《かんえい》期（一六二四〜一六四四）には、なんと三城とも老中が城主になるという状況まで生まれている。

ただし、城主が老中だからといって、この武蔵三藩の藩政が安定していたわけではない。むしろ、幕府中枢の政情の変化によって藩主が交代させられていたので、一貫した領地密着型の藩政を行うのは難しかったと言える。これは、県内の三城だけでなく、江戸周辺に存在した「老中の城」に共通する課題だった。また、老中は職務に関する経費を自己負担しなければならなかったので、藩主が老中であるがゆえに藩が財政難となり、年貢の負担が大きくなるケースもあったという。

Q45 『群書類従』刊行プロジェクトを成功させた武蔵国出身の塙保己一ってどんな人？

全五百三十巻、六百七十冊(現在は改定により六百六十六冊)、収録した文献は千二百七十種にもおよぶ国史・国文学の一大叢書、『群書類従《ぐんしょるいじゅう》』。江戸時代後期の国学者・塙保己一《はなわほきいち》が散逸の危険がある史書や文学作品を集成し、木版《もくはん》化して未来に残そうとしたことから、この膨大な叢書を刊行するという大プロジェクトが始まった。

『群書類従』の編纂者・塙保己一は、延享《えんきょう》三年(一七四六)、武蔵《むさし》国児玉《こだま》郡保木野《ほきの》村(本庄《ほんじょう》市児玉町《こだまちょう》)の農家に生まれた。七歳の頃に病気で失明するが、のちに江戸に出て勉学に励み、驚異的な記憶力で和漢の学問に精通した。ちなみに、江戸では、わずか半年ながら、国学者・賀茂真淵《かものまぶち》の晩年の門下生としても学んでいる。

保己一が『群書類従』の編纂を決意したのは、安永《あんえい》八年(一七七九)の元旦、三十四歳のときだ。『般若心経《はんにゃしんぎょう》』百万巻読誦《どくじゅ》の誓願をして、叢書刊行を天満宮(学問の神とされる菅原道真《すがわらのみちざね》を祀る神社）に誓ったという。保己一は道真を大いに尊敬していたことで知られるが、『群書類従』の編纂にあたっては、道真が編纂した歴史書・『類聚国史《るいじゅこくし》』が参考にされたと言われている。

さて、これほど膨大な叢書を刊行するには、協力者が不可欠である。文献の収集や校訂など編纂作業の人材確保もさることながら、最終的には版木《はんぎ》の数が一万七二四四枚にも及んだため、それなりの資金も調達する必要があった。

編纂作業に関しては、保己一の門人の献身的な協力だけでなく、幕府や伊勢《いせ》神宮の文庫、大名、公家などからの協力も得られたことで、貴重な文献を収集・校訂することができた。保己一らはただ文献の散逸を防ぐだけでなく、原本・写本を綿密に比較検討して、最良の形になるように校訂にも苦心したという。また、資金面に関しては、幕府からの援助のほかにも、鴻池《こうのいけ》ら豪商からも多額の資金を借用したようだ。

こうして刊行体制は整ったのだが、この一大プロジェクトが成功した最大の要因は、やはり保己一が持っていた学問に対する情熱だろう。『群書類従』全冊の刊行をおえるのが文政《ぶんせい》二年（一八一九）のこと。実に四十一年の歳月を費やした大仕事だった。

Q46

埼玉にも〝隠れキリシタン〟がいたってホント？

日本に伝来したキリスト教（カトリック）は、戦国時代を通して信者を増やしたものの、豊臣秀吉《ひでよし》の治世では布教が禁止され（バテレン追放令）、江戸時代のはじめには幕府によって信仰そのものが禁じられるようになった（禁教令）。その後も幕府に隠れてキリスト教を信仰し続けた人々が俗にいう「隠れキリシタン」だ。

長崎のように海外との交流が盛んだった港湾都市ならともかく、海にも面していない県域に隠れキリシタンが存在したイメージはあまりないかもしれない。しかし、県内には、彼らの信仰の支えになったと思われる遺物がいくつか伝えられているのだ。

なかでも有名なのは如意輪観音堂《にょいりんかんのんどう》（川口市芝西《しばにし》）の阿弥陀如来坐像《あみだにょらいざぞう》だろう。かつては堂内の厨子《ずし》に安置されていて、古くから「厨子を開けると目がつぶれてしまう」と秘仏扱いにされてきた仏像だ。現在は博物館に寄託されているが、戦後に行われた調査の結果、この仏像は空洞になっていて、内部には十字架にかけられたキリストの銅像とヒノキ材一木造りの聖母マリア像(マリア観音)が隠されていたことが明らかになった。おそらく、隠れキリシタンたちは、阿弥陀如来を拝むふりをして、仏像のなかに隠されたキリストとマリアに祈りを捧げていたのだろう。

また、如意輪観音堂の近くにある臨済宗の寺院・長徳寺《ちょうとくじ》には、幕府に弾圧されて江戸を追われたキリシタン女性を住職が助命したというエピソードも伝えられている。禅僧がキリシタンを保護するという味わい深い話だが、先ほどの阿弥陀如来坐像は、そのとき助けられた女性にゆかりの品ではないかとも考えられている。

その他、幸手《さって》市上吉羽《かみよしば》にも隠れキリシタンの信仰の対象だったと思われる地蔵がある。「イメス智言(イエス・キリストか)」の文字や十字架が刻まれていることに加え、赤ん坊を抱えていることから、聖母マリアを表しているのだろう。

最後に紹介するのは、秩父《ちちぶ》市金昌寺《きんしょうじ》の石仏の子育て観音だ。この像も実は聖母マリアだとする説がある。赤子に乳を与える姿もさることながら、蓮台《れんだい》に刻まれた「カエル」が大天使の「ミカエル」にちなんだものではないかというユニークな発想だ。

Q47

埼玉県にはなぜ百七十基も富士塚が築かれた？

言うまでもなく、富士山は、日本を代表する山である。太古より神仙が集まる霊峰として神聖視されてきた。戦国時代から江戸時代にかけて、富士山への信仰は体系化して「富士講《こう》」と呼ばれる組織的な運動に発展。関東を中心に富士講は庶民の間で大流行したのだった。

やがて富士講は諸流派に分かれるが、富士山への参詣《さんけい》はどの流派においても重要な活動の一つであり、拝登《はいとう》することで富士山から霊力が得られると信じられていた。

だが、体力的に見ても、日本一高い山に誰でもそう簡単に登れるわけではない。また講に経済的な相互扶助機能があったとは言え、居住地域や家計の状況によっては、経済的にもそれほど気軽に富士山を訪れることはできなかったはずだ。そこで、誰でも気軽に登れるミニチュア版の富士山が身近な地域に造られるようになった。それが

「富士塚」である。

富士塚は、富士講が盛んだった関東地方によく造られたが、なかでも県域は最多で、その数百七十基。とくに川口市木曾呂《きぞろ》にある富士塚は重要有形民俗文化財に指定されている。富士塚で同指定を受けているのは、全国でもこの木曾呂の一基と東京都の三基のみだ。富士塚は、その頂上から富士山が望めるように築かれることが多かったというから、高層ビルが存在しなかった当時の県域には、富士山を鑑賞できるスポットがそれほどたくさん存在したということだろう。富士見市の「富士見」という地名に象徴されるように、埼玉と富士山の繋がりは意外と深い。

また、江戸時代の後期、武蔵《むさし》国鳩《はと》ヶ《が》谷《や》宿（川口市）で生まれた小谷三志《こだにさんし》（河内屋庄兵衛《かわちやしょうべえ》）が富士講の中興の祖として活躍したことも、県域に多く富士塚が残る理由のひとつだろう。三志の興した一流は「不二道《ふじどう》」と呼ばれて関東から九州にまで広がり、弟子の数は五万人とも。質素倹約によって生まれた余財を社会に還元するという考えは、彼と親交のあった二宮尊徳《にのみやそんとく》にも影響を与えたという。ちなみに、当時女人《にょにん》禁制だった富士山に初めて女性（高山たつ）を連れて登山したのもこの小谷三志である。

Q48

天海が川越大師「喜多院」を再興したのはなぜ？

「川越大師《かわごえだいし》」と呼ばれて親しまれる喜多院《きたいん》は、正式には「星野山無量寿寺喜多院《せいやさんむりょうじゅじきたいん》」という天台宗の寺院だ。寺伝によると天長《てんちょう》七年（八三〇）に最澄《さいちょう》の弟子で第三代天台座主《てんだいざす》・円仁《えんにん》（慈覚《じかく》大師）が堂を建てて阿弥陀如来《あみだにょらい》像を安置したことに始まるという。

その後は関東における天台宗門の一大道場として栄えたのだが、戦国時代には戦渦に巻き込まれて荒廃。そして、それを再興したのが徳川家康《いえやす》から厚く信頼されていた天台宗の僧・天海《てんかい》だった。天海は、「黒衣《こくい》の宰相」の異名を持つ人物で、初期江戸幕府の中枢で家康のブレーンとして活躍したことでも有名だ。

天海が喜多院と関わりを持つようになったのは、天正《てんしょう》十六年（一五八八）のことで、諸国での修行を経て無量寿寺北院《きたいん》（後の喜多院）にやって来たという。同十八年の小田原攻めでは家康の陣中に天海がいたとする説もあるくらいだから、この頃から天海は家康との親交を深めていったと思われる。そして、慶長《けいちょう》四年（一五九九）に北院の住職に就任した時には、荒廃していた同寺の復興を強く望んでいたことだろう。

その願いが形になるのは十年以上たった同十七年のことだ。同じく当時荒廃していた比叡山延暦寺《ひえいざんえんりゃくじ》を立て直した後、天海は北院復興を家康に進言した。その結果、北院は寺領四万八千坪および五百石という破格の待遇を受け、寺号を「喜多院」と改号。さらに、関東天台総本山に認定されたことで、寺勢を取り戻したのだった。

天海は、ただ単に自分の寺の荒廃ぶりを嘆いて喜多院を復興させたわけではない。もちろん、かつて栄えた自宗派の寺が荒廃する様は見るに忍びなかっただろうが、他にもっと大きなねらいがあったと考えられる。それは、比叡山を東に移すことだ。

後に天海が朝廷と延暦寺の関係に倣って江戸の鬼門に「東叡山《とうえいざん》」寛永寺《かんえいじ》を建てたことはよく知られている。「東叡山」とは、つまり東の比叡山だ。そして、実は、寛永寺ができるまで、東叡山の山号を使っていたのがこの喜多院なのである。当時、すでに政治の中心は西から東に移っていたのだが、家康と天海は、喜多院を復興させて天台宗寺院のトップに位置づけることで、宗教の中心も東に移そうとしたのだろう。

Q49
川越に「小江戸」の繁栄をもたらした老中・松平信綱の「知恵」とは？

俗に「世に小京都は数あれど小江戸《こえど》は川越《かわごえ》ばかりなり」と謳《うた》われたように、「小江戸」は、川越の代名詞だ。いまでこそ「小江戸」と呼ばれる町も各地に見られるようになったが、やはり川越がその筆頭であることには変わりはない。

川越が「小江戸」と呼ばれるほど繁栄する下地を作ったのは、寛永《かんえい》十六年（一六三九）に川越藩主となった老中《ろうじゅう》・松平信綱《のぶつな》だ。信綱は、彼の官名・伊豆守《いずのかみ》にちなんで「知恵伊豆（「知恵出づ」にかけた）」の異名を持つほど、頭脳明晰な人物だったという。

さて、信綱が藩主に就任する前年の同十五年、川越で大火災が発生した。その被害は大きく、藩庁・川越城は全焼、城下町も三分の一が焼失したと言われる。必然的に、信綱の藩政は、川越の復興政策からスタートしたのだった。

信綱がまず取り掛かったのは、川越城とその城下町の再建だ。西大手《にしおおて》を正門として土地を区画し、いわゆる「十《じっ》ヵ《か》町《ちょう》四《し》門前町《もんぜんまち》」の形に整備。その結果、川越城と城下町は、以前より拡張され、「小江戸」の輪郭として甦った。

また、この大火災では喜多《きた》院や仙波東照宮《せんばとうしょうぐう》といった文化財も罹災《りさい》したのだが、その修復資材の運搬に新河岸《しんかし》川舟運が利用されていたことに信綱は注目する。正保《しょうほう》四年（一六四七）には新河岸川に河港を開設して、本格的にこの水上ルートを整備。江戸と川越の経済を舟運で結び付けて城下町を活性化させた。ちなみに、江戸と川越を結ぶ陸路が発達し始めたのも、信綱の時代からだ。信綱は、嫡男・輝綱《てるつな》と親子二代で川越街道の整備に尽力した。こうして水陸両ルートから江戸と川越の交流が盛んになると、両者の心理的・文化的な距離が縮まり、同じ文化を共有するようになったのである。

地域開発の面でも、「知恵伊豆」は、その異名に恥じない行政手腕を発揮する。承応《しょうおう》年間（一六五二～五五）には玉川《たまがわ》上水・野火止《のびどめ》用水を開削《かいさく》。乾いた武蔵野の台地に水を供給して大規模な新田開発を行い、大きな成果を上げた。さらに、二毛作・稲作・畑作を技術指導も含めて推奨する勧農政策を武蔵野開発と連動させて実施。この一連の藩政により、「小江戸」川越の繁栄を支える財政基盤が確立されたのだった。

Q50

全国的銘茶「狭山茶」の起源は川越にあった⁉

川越《かわごえ》市にある中《なか》院は、天長《てんちょう》七年（八三〇）に最澄《さいちょう》の弟子円仁《えんにん》（慈覚大師《じかくだいし》）によって建てられた天台《てんだい》宗の寺院だ。正式には「星野山《せいやさん》無量寿寺《むりょうじゅじ》中院」と言い、そのルーツは喜多院と同じ無量寿寺である。

無量寿寺が関東天台宗の総本山になった中世には、中院がその中核となって寺勢を支えたが、江戸時代のはじめに天海《てんかい》が家康《いえやす》に重用されるようになると、その地位を喜《き》多《た》院に譲ることとなった。なお、現在は天台宗の別格本山特別寺として喜多院とは独立している。

さて、そんな中院の境内にあって、その意外性から注目されるのが「狭山茶《さやまちゃ》発祥《はっしょう》之《の》地《ち》」と書かれた石碑だ。狭山茶と言えば、全国的にその名が知られる銘茶だが、実はその起源は、円仁が無量寿寺を建立した際、京都から持ってきた茶を薬用として境内で栽培したことにあるという。

かつては「河越茶《かわごえ》」としてその名が知られ、室町時代には、宇治《うじ》（京都府）・大和《やまと》（奈良県）・伊勢《いせ》（三重県）・駿河《するが》（静岡県）と並ぶ銘茶の産地として「武蔵《むさし》河越」の名前が挙げられたほどだから、当時から味の評判は良かったようだ。その味については、古くから「姿わるくも色香は深い、狭山銘茶の味のよさ」や「色は静岡、香りは宇治よ、味は狭山に止めを刺す」といった俗謡に伝えられている。

その後、戦国乱世の戦禍により無量寿寺が荒廃すると、中院の茶栽培も勢いを失ったと思われるが、詳しいことはよくわからない。江戸時代になると川越藩主・松平信綱《のぶつな》によって武蔵野の開発が進められて、商品作物の栽培が奨励されたこともあり、武蔵の茶は、地域の特産物として再び息をふきかえした。

十九世紀初頭には、宇治茶の製法を取り入れて良質の煎茶が作られるようになり、出荷先の江戸で評判になると、幕末には横浜の開港により日本からの主要輸出品として需要が急増。こうして、円仁がかつて中院の境内に植えた茶は、狭山茶として世界に広がっていったのである。

Q51

芸者を幕末のパリ万博に連れて行った仕掛人・清水卯三郎とは何者？

日本が初めて万国博覧会に参加したのは、慶応《けいおう》三年（一八六七）に開催されたパリ万博だ。幕府が徳川昭武《あきたけ》（十五代将軍・慶喜《よしのぶ》の弟）を将軍代理として日本国の名で参加すると、当時すでに反幕府に動いていた薩摩《さつま》も「薩摩琉球国《りゅうきゅうこく》」名義で独自に出品して幕府に対抗。遠くパリにおいても、両者の対立が繰り広げられたのだった。

一方、そんな国内事情をよそに、日本の展示そのものは好評を博していた。絵画や伝統工芸品のほか、とくに注目を集めていたのが着物姿の日本人女性だった。と言うのも、パリ万博の日本館は日本茶屋に仕立てられ、三人の芸者が来場者を接待するというユニークな手法で展示がなされていたのである。このエキゾチックな演出は、のちにヨーロッパでジャポニスム（西洋美術における日本趣味）を生み出す大きなきっかけとなるのだが、これを仕掛けたのが清水卯三郎《しみずうさぶろう》という人物だ。

卯三郎は、文政《ぶんせい》十二年（一八二九）、武蔵《むさし》国埼玉《さいたま》郡羽生《はにゅう》町（羽生市）で酒造を営む名主・清水家の三男として生まれた。幼いころから漢学・蘭学に親しみ、二十歳の頃に江戸に出て大豆などを扱う商人となる。その後の黒船来航により横浜が開港されると、安《あん》政《せい》六年（一八五九）には横浜に出店し、外国人相手の商売を始めたのだった。

また、商売のかたわら、蘭学・洋学を学ぶことも怠らなかった。その努力もあって、文久《ぶんきゅう》二年（一八六二）の生麦《なまむぎ》事件（薩摩藩士によるイギリス人殺傷事件）をきっかけに起こった翌三年の薩英戦争では、通訳としてイギリス軍艦に搭乗。イギリス側の捕虜となっていた五代友厚《ごだいともあつ》、松木弘安《まつきこうあん》（のちの寺島宗則《てらしまむねのり》）の助命に務めて、明治時代を担う人材を保護したのだった。

やがて幕府がパリ万博に招待されると、幕府の募集に応じて出品を志願し、渡仏。日本から連れてきた三人の芸者によるエキゾチックな演出で西洋人を魅了したことは、先に見たとおりだ。なお、日本の商人で万博に参加したのは卯三郎のみである。

帰国後も卯三郎は、出版業や歯科器材の輸入・販売、平仮名の普及に努めるなど、幅広い分野で活躍。明治四十三年（一九一〇）に波乱万丈の生涯を終えたのだった。

Q52
草加名物「草加煎餅」の意外なルーツとは？

草加《そうか》名物の草加煎餅《せんべい》は、全国的にその名が知られる醤油味の煎餅だ。日光《にっこう》街道（奥州街道）の二番目の宿場・草加宿の名産として古くから関東を中心に人々の間で親しまれ、いまでは浴衣《ゆかた》染め、皮革と並ぶ草加市の三大地場産業に数えられている。

ところで、草加煎餅には、その誕生に関して、次のような有名な伝説がある。

草加の街道沿いで茶店を営むおせんというお婆さんがいた。おせんが売れ残った団子の処分を「もったいない」と嘆いていたところ、通りすがりの武士が「団子を薄く潰して天日で乾かし、火で焼いて焼き餅にすれば日持ちがするのではないか」と提案した。おせんがそれを実践すると、この焼き餅のおいしさがたちまち評判となり、草加煎餅として街道の名物になったという。

どうやら、このおせんの伝説は、昭和の頃に創作された物語らしい。

利根川などから良質な水がもたらされる草加は、古くから稲作が盛んな水田地帯で、良質な米が収穫できる土地だった。草加の農家では、余った米を無駄にしないように、団子状にして乾燥させた保存食が作られていたという。これが堅餅《かたもち》と呼ばれる草加煎餅のルーツだ。

堅餅は軽くて携帯にも便利だったことから、戦乱の世では、戦禍の備えとして、あるいは戦場の携帯食として活躍していたという。やがて徳川家康《いえやす》が泰平の世を築いて、諸国の街道・宿場が整備されると、保存食だった堅餅も商品として旅人に向けて売り出されるようになった。製造技術も経済競争の中で次第に洗練され、いまにいたる伝統製法が確立。こうして永く人々に親しまれる草加煎餅が誕生したのである。

ちなみに、当初は塩味だけだった草加煎餅だが、利根川沿いの下総《しもうさ》国野田《のだ》(野田市)で醤油の製造が盛んになると、いまに繋がる醤油味が登場するようになった。水運を利用して、草加に良質な醤油が送られるようになった結果である。なお、この醤油味が登場した時期は、醤油が一般に普及する江戸時代後半の文化《ぶんか》・文政《ぶんせい》年間(一八〇四〜三〇)の頃だと考えられている。

Q53 日本三大曳山の「秩父の夜祭」の曳山はいつから始まったのか？

京都の祇園《ぎおん》祭、飛騨《ひだ》の高山《たかやま》祭とともに日本三大曳山《ひきやま》祭のひとつに数えられるのが、秩父《ちちぶ》の夜祭だ。秩父の総社《そうじゃ》・秩父神社の例祭で、毎年十二月三日に行われることから、地元の人々からは「冬まつり」とも呼ばれている。時期的にも一年間の総決算にあたる祭であり、肌寒い冬にも関わらず、毎年各地から二十万人以上が訪れる。

秩父の夜祭の最大の見どころは、何と言っても豪華絢爛な曳山（山車《だし》）だ。

三日の夕方に神社から御神幸《ごしんこう》行列が出発すると、一キロほど南に離れた御旅所《おたびしょ》（神幸の目的地）に向けて二基の笠鉾《かさぼこ》と四基の屋台《やたい》が曳行《えいこう》される。そして、御旅所の直前にある、傾斜約二十度、五〇メートルほどの坂道（団子坂《だんござか》）を先頭の曳山が一気に曳き上げられるところで祭はクライマックスを迎える。屋台囃子《ばやし》が鳴り響き、澄んだ冬の夜空に花火が打ち上げられるなかで、巨大な曳山が力強く曳かれる様はまさに圧巻だ。

Q10で触れたとおり、秩父神社の例祭は、現存する秩父神社の旧神輿《しんよ》から、遅くとも室町時代には行われていたと思われるが、秩父の夜祭を象徴する曳山が登場するのは、江戸時代の中頃からだ。伝わるところによると、寛文《かんぶん》年間(一六六一〜七二)か、あるいはもう少し後の享保《きょうほう》年間(一七一六〜三六)ではないかと考えられている。

そもそも、秩父地方は、カイコの餌となる桑の生育に適した土地で、古くから養蚕・機織が盛んだった。江戸時代になると秩父の名産品として「秩父絹」の名で知られるようになり、例祭の時期には秩父神社を中心に大絹市が立つまでに発展。毎年各地から大勢の人が訪れるようになるにつれて、例祭の付祭《つけまつり》が盛大に行われるようになった。そして、絹との深い関係から、当時の夜祭は「お蚕祭《かいこまつり》」と呼ばれ、その盛り上がりとともに現在の豪華絢爛な曳山が誕生していったのである。

ちなみに、現在の曳山は国の重要有形民俗文化財に指定されている(秩父祭屋台六基)。重量は、なんと最大約二〇トン。また、三日の昼には、屋台に張り出し舞台が設置され、そこで毎年当番の町の一座が歌舞伎を上演して見物客を盛り上げるのだが、この屋台芝居も国の重要無形民俗文化財に指定されている(秩父祭の屋台行事と神楽)。

Q54

日本一の大凧「春日部の大凧あげ祭」の由来とは？

縦一五メートル、横一一メートル、畳百畳分の大きさで重さはなんと八〇〇キロ――日本一巨大な凧《たこ》「百畳敷の大凧」が大空を舞う春日部《かすかべ》市の大凧あげ祭は、毎年ゴールデンウィークの五月三日と五日に宝珠花《ほうしゅばな》地区（旧庄和町《しょうわまち》）の江戸川河川敷で開催され、「関東の大凧あげ習俗」として国の選択無形文化財に選ばれている行事の代表例だ。

大凧二枚と小凧二枚には、それぞれにその年の世相を表した「凧文字」が書かれるが、平成二十三年は、大凧には「春風」「武蔵」、小凧には「努力」「感謝」という言葉が書かれた。なお、小凧と言っても、その大きさは縦六メートル、横四メートル、重さは一五〇キロというから、迫力は十分だ。

ところで、いまの春日部市の大凧あげ祭は、その年に初節句を迎える子供達が健やかに、幸せに育つことを祈る行事なのだが、この祭が誕生したばかりの頃は別の目的で行われていたという。

江戸時代後半の天保《てんぽう》十二年（一八四一）、出羽《でわ》国山本《やまもと》郡（秋田県東部）の西光寺《さいこうじ》の僧・浄信《じょうしん》は、諸国を巡礼していた途中、宝珠花の小流寺《しょうりゅうじ》に立ち寄った。その際、浄信は村人を集めて、凧をあげることでその年の養蚕や稲作の成功を占えると語ったという。

おそらく、凧が空に高くあがっていく様子が、商売繁盛や豊作、その他おめでたいことに結びつけられたのだろう。こうして、毎年、宝珠花の江戸川河川敷で凧があげられるようになったと伝えられている。また、当時の宝珠花は江戸川の舟運で江戸と繋がっていたので、凧あげ祭を開催することで、江戸から見物客を集めて地元を活性化させるねらいもあったのだろう。いまでは百数十人がかりであげる大凧をひと目見ようと、毎年十万人もの見物客が各地から訪れている。

ちなみに、明治時代初期の大凧は、現在の半分くらいの大きさだったという。「百畳敷の大凧」になるのは、もう少し後の明治中期以降のことだ。また、特筆すべきは、いまも毎年、地元の人々が大凧を丹念に手作りしていることである。完成までに要する時間はおよそ三か月というから、この祭にかける意気込みがうかがえる。

Q55 幕府を支えた関東郡代だった伊奈氏の陣屋はどこにあった？

関東広域の民政を管掌する地方行政官・関東郡代《ぐんだい》。江戸幕府を草創期から支えた能吏・伊奈《いな》氏は、代々この役職（当初は関東代官頭《だいかんがしら》と呼ばれた）を世襲し、幕府中枢で隠然たる力を持っていた。特に検地や治水、新田開発における伊奈氏の活躍は目覚しく、伊奈氏が関東で実施した土木手法は、「関東流」「伊奈流」などと呼ばれて、諸藩の農政でも採用されていったという。

伊奈氏の活躍は、戦国時代に徳川家康《いえやす》に仕えた伊奈忠次《ただつぐ》に始まる。忠次は、天正《てんしょう》十八年（一五九〇）に家康が関東に入国して間もなく関東代官頭として小室《こむろ》・鴻巣《こうのす》に一万石（一万二千石とも）を与えられた。忠次が陣屋を構えた場所は、現在の北足立《きたあだち》郡伊奈《いな》町《まち》小室だ。ちなみに、この伊奈町という地名は、忠次が小室を本拠としたことに由来する。陣屋の大きさは、南北七五〇メートル、東西三五〇メートルと推定され、当時の建物は現存していない。この陣屋は、忠次の子・忠治《ただはる》の代になるとその役目を終えた。

忠治もまた、伊奈氏を代表する優秀な人物だ。父・忠次が取り組んでいた利根川東遷事業を引き継ぎ、その中心となって活躍したほか、県域外でも下総国《しもうさ》（千葉県）や常陸国《ひたち》（茨城県）の治水で大きな成果をあげ、父と同様、近年まで茨城県に伊奈町という地名を残した（現在はつくばみらい市となって消滅）。

さて、その忠治が本拠に選んだ場所は、足立郡赤山《あかやま》（川口市）だ。寛永《かんえい》六年（一六二九）に構えた赤山の陣屋は、家臣屋敷も含めると、総面積七七万平米という広大なものだった。各所に堀がめぐらされ、敷地内に伊奈氏菩提寺の源長寺《げんちょうじ》が建てられるなど、関東郡代の本拠にふさわしく、小さな城下町のような姿だったと思われる。

ちなみに、近年では、伊奈氏が世襲した役職は、忠次・忠治以降も実際のところ「関東代官頭」であり、後世の当主が「関東郡代」と勝手に名乗っていたに過ぎないという説が有力視されている。もちろん、自称・関東郡代であれ、伊奈氏が農政で活躍し、幕府内で大きな力を持っていたという事実は変わりない。その権勢は、寛政《かんせい》四年（一七九二）に伊奈忠尊《ただたか》がお家騒動などの理由で失脚するまで続いたのだった。

Q56 徳川家康のブレーン伊奈忠次が築いた県内最古の農業用水路「備前堀」とは?

県域北部には、江戸時代初期に開削され、いまもなお現役で農地に水を供給し続ける用水路がある。県内最古の農業用水と言われる備前渠用水《びぜんきょようすい》だ。

備前渠は、慶長《けいちょう》九年(一六〇四)、関東の代官頭《だいかんがしら》として治水・検地で活躍していた伊《い》奈忠次《なただつぐ》によって開かれ、当時は「備前堀《ほり》」と呼ばれていたという。なお、「備前」の名前がつく運河や堤防は、県内綾瀬《あやせ》川の備前堤《てい》、茨城県水戸市の備前堀など関東各地に存在するが、これらは忠次の官位が「備前守《かみ》」だったことに由来する。

当初の備前渠は、児玉《こだま》郡仁手《にって》村(本庄《ほんじょう》市仁手)の烏《からす》川右岸から取水していたのだが、用水路の様相は、周辺で起こる洪水などの自然災害の被害を受けながら、その時々の状況に合わせて随時変えられてきた。とくに、天明《てんめい》三年(一七八三)に起こった浅間山の噴火が備前渠に与えた被害は大きい。

大量の火山灰が利根川水系に流れ込んで川底から川の水を押し上げると、備前渠には利根川から大量の土砂などが流入し、取水口や用水路が埋没。その後、幕府から取水を続けることが危険と判断されたため、寛政《かんせい》五年（一七九三）には一時閉鎖される事態となった。しかし、かつての受益地の水不足が深刻になり、水をめぐる争論まで起こるようになると、文政《ぶんせい》十一年（一八二八）、用水組合の四十三か村が取水口を改良して修復。備前渠は再び用水路沿いの農地に水をもたらした。

現在は利根川とその支流・烏川が合流する地域の右岸（本庄市山王堂地先《さんのうどうちさき》）から水を引き、取水口から小山川《こやまがわ》、福川《ふくがわ》を経て再び利根川に流れるというルートで本庄市・深谷市《ふかやし》・熊谷市《くまがやし》の農地を潤している。延長は約二三キロで、受益地の総面積は約一四〇〇ヘクタールにもおよぶ。

その他、この用水路には、江戸時代の面影を残す素掘りの区間が多く残されていることも注目すべき点だろう。そこに流れる水が実に四百年以上もの間、県域北部の農業を支えてきただけでなく、周りの土地に優れた景観をもたらしたことが評価され、備前渠は、平成十八年（二〇〇六）、農林水産省主催「疏水《そすい》百選」に選ばれた。

Q57 日本三大農業用水の一つ「見沼代用水」はなぜ開削されたのか？

江戸時代初期に行われた利根《とね》川東遷事業は、新田候補地の増加や洪水の防止というメリットがある一方、旧流域の農業用水を不足させるというデメリットもあった。そこで、当時、関東の治水を取り仕切っていた関東代官頭の伊奈忠治《いなただつぐ》は、水源から離された各地域に溜池を造成。水田に水を引いて農業用水を確保した。

寛永《かんえい》六年（一六二九）、足立《あだち》郡（県域東部）に見沼溜井《みぬまためい》ができたのも、その一環だ。付近を流れる芝《しば》川をせき止めて造られた溜池で、そのとき忠治が築いた八七〇メートル（八町）におよぶ巨大な堤防は「八丁堤《はっちょうつつみ》」の名で知られている。しかし、この溜池は、下流の村にとっては水源となる一方、上流の村に水害をもたらす悩みの種となり、ついに享保《きょうほう》年間（一七一六〜三六）には溜池廃止を懇願する村の声が幕府に届いた。

八代将軍・徳川吉宗《よしむね》は、年貢増収による財政安定化を図っていたこともあり（いわゆる享保の改革)、見沼溜井を干拓して新田開発を行うことを決意する。そして、それを実行したのが、吉宗が紀州《きしゅう》藩主時代から重用していた治水家・井沢弥惣兵衛《いざわやそべえ》だ。弥惣兵衛の優れた土木手法は、伊奈氏の「伊奈流」に対して、「紀州流」と称された。

弥惣兵衛は、同十年から見沼の下見調査を開始し、受益地の住民の反対を押し切って干拓を推進。同時に新たな水源として大規模な農業用水を開削した。こうして完成したのが「見沼溜池の代わりに開かれた用水路」、つまり「見沼代用水《だいようすい》」だ。いまでは愛知県の明治《めいじ》用水、東京・埼玉間を流れる葛西《かさい》用水とともに、日本三大農業用水に数えられ、疏水《そすい》百選にも選定されている。

埼玉《さいたま》郡下中条《しもちゅうじょう》村(行田《ぎょうだ》市下中条)の利根川右岸から引かれた水は、途中で星《ほし》川の流路を利用しながら見沼まで南下。その後、東西に分かれて盆地の干拓地(新田地帯)を縁取ると、両側から低地の新田地帯に水を注いで芝川から荒川へ流れる。この全長約六〇キロにおよぶ用水路の開削を弥惣兵衛はわずか半年で完成させたのだから驚きだ。

一連の干拓・開削工事により、干拓地では約一二〇〇ヘクタールの新田開発に成功。見沼代用水は、県域東部三百三か村の約十五万石を潤したのだった。

もっと知りたい歴史こばなし ④

近代遺産？ 巌窟ホテルの謎

吉見百穴のすぐ近くに、「巌窟《がんくつ》ホテル」と呼ばれる「史跡」がある。中世城郭松山《まつやま》城跡の本丸下の崖に穿たれている。「人工名所　巌窟ホテル」の看板が出ている。これは近くに住んでいた高橋峯吉という農民が、明治37年（1904）6月から「三代百五十年」の計画で、手掘りして造ったものである。峯吉氏が大正14年（1925）に亡くなった後も息子の代まで作業は続いたともいう。明治41年の新聞報道では、間口45メートル、奥行き36メートル、三層の「大ホテル」を建築中とある。後年の絵葉書でみると、確かに三層になっていて、大玄関もあり、中央アジアの宮殿を思わせるような白亜の洒落た佇まいをしており、「ホテル」といっても通りそうである。実際には醸造用冷蔵庫として作られたのが、「岩窟掘ってるよ」が訛《なま》って「巌窟ホテル」になってしまったともいわれている。そうなると20年余も掘り続けた冷蔵庫に大玄関がなぜ必要だったのか、新聞の報道は「誤報」だったのか、新たな謎が浮上してくる。現在は崩落のため、閉鎖されている。

第5章

埼玉県の近代

浦和裁判所庁舎（左）と埼玉県庁舎
（現さいたま市浦和区。古写真。宮内庁書陵部蔵）

第5章

時代をよむ
首都の影響から脱し独自の歩みを始める

近代の埼玉県は、その県域を定めるまでに紆余曲折《うよきょくせつ》を経なければならなかった。江戸に近く、幕府や旗本の直轄領が多かったことがその理由だが、この「首都に近い」という立地条件は近代においてもさまざまな面で埼玉県に影響を与え続けた。

この地域は江戸という大消費地に物産を供給する形で発展してきたが、明治に入ると東京のみならず、日本中、あるいは世界中が埼玉県の物産に興味を示すことになる。

明治初期には、埼玉県の製茶と養蚕に注目が集まる。生糸や絹織物は日本の主要な輸出品であり、富国強兵を目指す政府は輸出による利益を近代化政策に回すため、養蚕を保護・奨励した。明治五年(一八七二)には群馬県富岡《とみおか》に政府によって「富岡製糸場」が設立され、埼玉県出身の大実業家・渋沢栄一《しぶさわえいいち》に経営が委ねられている。工場で働く工女は当初埼玉県・入間《いるま》県(現埼玉県)・群馬県・栃木県・長野県の五県で募集が行われ、埼玉県からも多くの女性がこの仕事に従事している。

日本初の私鉄、日本鉄道会社によって東京（上野）・高崎《たかさき》間に鉄道が開通したことも埼玉県の産業界に大きな影響を与えた。これを機に県内には続々と鉄道網が整備され、製品の輸送を容易にしたのである。製糸業界は輸出量、生産量ともに増大。それまでの手工業的な生産方法から近代的な工場生産へと変貌を遂げていった。

また古くからの地場産業も近代化に歩調を合わせて発展し、川口の鋳物業、深谷《ふかや》の瓦や土管製造業などは都市化の進む東京に多くの製品を供給。文化《ぶんか》年間（一八〇四～一七）から知られる朝霞《あさか》の伸銅《しんどう》業は電線の製造に転じて近代工業として躍進した。

鉄道交通の発達は東京や近県への製品供給を増加させると同時に人の流入も促し、県内の人口は大正九年（一九二〇）に約百三十二万となり、太平洋戦争中には二百万に達している。

現在では単なる東京のベッドタウンとしてではなく、首都圏の一部と捉えられている埼玉県。近代の埼玉の歩みは首都の影響から脱し、独自の発展を遂げるための準備期間に当たっていたと言えるだろう。

Q58

県庁所在地が浦和になったのはなぜ?

江戸時代、現在の埼玉県を含む武蔵《むさし》国には幕府や旗本の直轄領や各藩の飛地《とびち》などが数多く存在し、複雑に入り組んでいた。

明治維新により幕府が崩壊し、将軍徳川慶喜《よしのぶ》は領地を返納して駿府《すんぷ》(静岡市)へと退去。武蔵国には新たな県が設置されることとなる。

現在の埼玉県の領域では旧藩がそのまま忍《おし》県、川越《かわごえ》県、岩槻《いわつき》県となり、没収された旧幕府や旗本、寺社領などは岩鼻《いわはな》県、韮山《にらやま》県、葛飾《かつしか》県、大宮《おおみや》県(のち浦和《うらわ》県となる)、品川《しながわ》県、小菅《こすげ》県などに生まれ変わった。

続いて明治四年(一八七一)に行われた廃藩置県により、忍県、岩槻県、浦和県の三つの県が統合されて、荒川以東の地域が埼玉県、荒川以西が入間《いるま》県となる。

このとき埼玉県の県庁は岩槻となる予定であったが、庁舎を確保することができず浦和が県庁所在地となった。一方入間県の県庁は川越に置かれている。

さらに入間県は明治六年(一八七三)に群馬県と統合され熊谷《くまがや》県となった。しかし入間と群馬との統合は、あまりにも地域性の相違や歴史を無視したものであったため何かと不都合が生じることになる。

そこで明治九年(一八七六)八月、熊谷県のうち旧武蔵国に属していた地域は再び分離されて埼玉県に編入されることとなった。このような紆余曲折《うよきょくせつ》を経て、ようやく現在の埼玉県域ができあがるのである。

一方、首都である東京は明治四年、旧江戸の支配地域に加え旧武蔵国の豊島《としま》郡、荏《え》原《ばら》郡全域と多摩《たま》郡、足立《あだち》郡、葛飾《かつしか》郡の一部を東京府内に含め、南は多摩川、北は荒川を境界と定めている。これにより多摩郡の大部分は神奈川県に含まれることとなり、かつての武蔵国は大幅に再編成されて行った。

これは国の中枢となる東京府の領域を最初に定め、そこから他の地域に土地を振り分けるという形で東京周辺の県域が定められたために起こった現象であった。武蔵国は、いわば東京の都合で分離・分断されていったのである。

Q59 埼玉古墳は「さきたま」というのに、なぜ県名は「さいたま」なのか？

埼玉県の中部北端に位置する行田《ぎょうだ》市。市内の埼玉にある埼玉《さきたま》古墳群は、埼玉県でも最大の群集墳である。稲荷《いなり》山、二子《ふたご》山、愛宕《あたご》山、瓦塚《かわらづか》、鉄砲《てっぽう》山、中《なか》の山、奥《おく》の山、将《しょう》軍《ぐん》山の前方後円墳《ぜんぽうこうえんふん》と、円墳《えんぷん》の丸墓《まるはか》山の計九基の古墳が国指定の史跡となっており、五世紀末から七世紀にかけて築造されたこれらの古墳群が「さきたま風土記の丘」として整備されている。

昭和四十三年（一九六八）の調査では稲荷山古墳から長さ七三・五センチ、身幅三・一五センチの鉄剣が発見された。昭和五十三年、この鉄剣の保存処理中に剣の表裏から金象眼の銘文百十五文字が発見され話題となっている。銘文には年代を示す「辛亥《しんがい》年」の文字や、雄略《ゆうりゃく》天皇を表す「獲加多支鹵《わかたける》大王」の文字が記されていたのである。

銘文は辛亥の年（四七一年または五三一年）に雄略天皇に仕えていた人物が剣の所有

者であったことを示しており、すでに五世紀の後半、中央の政権と密接な関係を結んでいた勢力がこの地に存在したことの証明でもある。逆に言えば、その頃近畿地方にあった政権の影響力が関東にまで及んでいたとも言えるのである。現在この鉄剣は国宝に指定され「さきたま史跡の博物館」に収められている。

これら貴重な古墳が集中する行田市「さきたま」の地は、埼玉という地名の発祥地と考えられている。埼玉古墳群に隣接して建つ前玉《さきたま》神社は『延喜式《えんぎしき》』内の神名帳《じんみょうちょう》に記されており、そこには「さいたま」と「さきたま」の二通りの読み方が記されているのである。また『万葉集』などにも「佐吉多万」の文字が見られる。「幸魂(さきたま)」から「さいたま」へ転じたとする説もあるが、武蔵《むさし》国多摩《たま》郡の奥に位置することから「前多摩」「先多摩」の意味を持つという説も有力である。

埼玉県が誕生した明治四年(一八七一)、県庁は埼玉郡の中心である岩槻《いわつき》に設置されることが決まっていたため、県名にも郡の名称がそのまま採用された。ところが県庁所在地は急遽《きゅうきょ》浦和に変更され、県名だけが残されたのである。仮に古い読み方が採用されていたなら、「さきたま県」が誕生していた可能性もあるのだ。

Q60

「秩父困民党」はなぜ、高利貸しを襲撃したのか？

明治十七年（一八八四）十月三十一日、埼玉県秩父《ちちぶ》地方で農民数千人が蜂起し、郡役所や高利貸し業者などを襲撃するという事件が起こった。世に言う「秩父事件」である。

当時大蔵卿松方正義《おおくらきょうまつかたまさよし》によるデフレ・増税政策が進められており、商品経済は混乱状態に陥っていた。養蚕《ようさん》が中心だった秩父の農民たちの生活は生糸《きいと》の暴落により困窮し、高利貸しに借金をする者が続出。法外な利子を払えずに一家離散や破産に追い込まれる者が後を絶たなかった。農民の代表は郡役所に対し返済延期の斡旋を求めたが、役所側は私的な問題として介入を拒否。進退窮まった農民たちは次第に尖鋭化する。

この農民たちに、当時政府から弾圧を受け崩壊寸前だった日本初の政党・自由党のメンバーが合流。さらに近郷の侠客として人望の厚かった田代栄助《たしろえいすけ》、加藤織平《かとうおりへい》らがリーダー格として迎えられ、明治十七年九月「秩父困民党《こんみんとう》」が結成された。

十月に入ると郡役所や高利貸しとの交渉も暗礁に乗り上げ、秩父困民党はついに武装蜂起を決意。掠奪や強姦などを禁じた五か条の軍律を定め、税の廃止、高利貸し業者の打倒などを明記した困民党盟約を起草して、決起を十一月一日と定めたのである。

蜂起予定日の前日である十月三十一日夜、一足早く風布《ふうぷ》村が蜂起して高利貸しを襲撃。翌十一月一日、吉田《よしだ》村の椋《むく》神社に約三千人が集結し、翌二日には大宮郷《おうみやごう》(秩父市内)に進出して占領を果たした。途中彼らによって郡役所や戸長役場、高利貸しが襲われ、借金の証文などが焼き払われている。これに対し県では軍隊の出動を要請。高崎《たかさき》、東京の鎮《ちん》台《だい》兵や憲兵隊が出動し、激しい戦闘の末に蜂起に消極的だった田代ら幹部が離脱した。残った勢力は群馬県を経て長野県にまで至り、両県の農民数百名を加え、九日長野県南《みなみ》佐久《さく》郡東馬流《ひがしまながし》(現小海町《こうみまち》)で鎮台兵と衝突。死者十四名を出してようやく鎮圧された。最終的な参加者は一万人、死者は二十三名、処罰された者は四千名を数えている。

この当時各地で困民党が結成され騒擾が起こっていたが、秩父困民党による秩父事件がそのなかでも最大かつ最も組織的なものとなったのは、運動の底流にあった平等主義や自由民権思想が秩父の農民たちの心を強く揺さぶった結果と思われる。

Q61 近代的医師試験に女性で初めて合格し、女医第一号となった荻野吟子とはどんな女性？

今でこそ女性医師は珍しくないが、女子に対する高等教育が一般的でなかった明治時代においては女子に医術開業試験の受験資格が与えられず、女医そのものが存在しなかった。明治三年（一八七〇）シーボルトの娘・楠本いねが東京・築地で産科医院を開業したこともあるが、医術開業試験制度の整備とともに閉院を余儀なくされている。

新制度のもとで初めて女医となったのは、嘉永《かえい》四年（一八五一）武蔵《むさし》国大里《おおさと》郡秦《はた》村（現埼玉県熊谷《くまがや》市）に生まれた荻野吟子《おぎのぎんこ》であった。

荻野は十六歳で結婚するのだが、わずか二年で離婚する。離婚の理由は、夫に淋病《りんびょう》をうつされたためであった。この淋病治療の際に東京の順天堂《じゅんてんどう》医院を受診するのだが、当然医師は男性ばかり。強い抵抗感と屈辱を感じた彼女は、自ら医師になることを決意したのである。

しかし女子に学問が開放されていない時代、彼女の医術修行は困難を極める。荻野はまず漢方医の門を叩き、次いで明治八年(一八七五)東京女子師範《しはん》学校に入学。同十二年(一八七九)に私立の医学校好寿院《こうじゅ》に入学する。

好寿院も当然女子に門戸を開いてはいなかったのだが、荻野は当時兵部《ひょうぶ》省で軍医として活躍していた石黒忠悳《いしぐろただのり》(のち軍医総監《そうかん》、貴族院議員)の助力を得て特別に入学を許されたのである。

男性ばかりのなかで苦労を重ねながらも、荻野は明治十五年(一八八二)に好寿院を卒業。しかし医術開業試験の願書が女性ということで受け付けられず、ここでも男性社会の壁に突き当たることとなった。

荻野は支援者とともに当時の内務《ないむ》省衛生《えいせい》局長・長与専斎《ながよせんさい》に直訴。日本の衛生行政や医療制度の基礎を作ったことで知られる長与は彼女と支援者の熱意に打たれ、受験を許可する。

明治十七年(一八八四)医術開業試験前期試験に合格。同十九年後期試験に合格し、ついに荻野は日本の女性医籍《いせき》登録者第一号となったのである。

Q62

日本初の女性パイロットは埼玉県出身者!

埼玉県と飛行機には特別な縁がある。

現在『所沢航空発祥記念館』が置かれている所沢航空公園は明治四十四年(一九一一)四月一日、わが国初の飛行場として誕生した所沢飛行場の跡地が利用されている。開設直後の明治四十四年五月五日、元海軍技師・奈良原三次《ならはらさんじ》は自作の奈良原式2号機を操縦して高度四メートル、距離六〇メートルの飛行に成功。国産飛行機として初の飛行を所沢飛行場で成し遂げた。

日本の女性パイロットの草分けである西崎《にしざき》キクは、大正元年(一九一二)十一月二日、埼玉県児玉郡《こだまぐん》七本木村《しちほんぎむら》(現上里町《かみさとまち》)で生まれている。昭和四年(一九二九)埼玉県女子師範《しはん》学校を卒業し神保原《じんぼはら》小学校尋常《じんじょう》科の教師となったキクは、生徒を引率して訪れた群馬県と埼玉県の県境にある尾島《おじま》飛行場で試験飛行を見学。このとき飛行機に魅せられ、飛行士になることを決意したという。

二年後の昭和六年、キクは東京・洲崎《すさき》の小栗《おぐり》飛行学校に入学。翌昭和七年に愛知県の知多《ちた》にある安藤《あんどう》飛行機研究所に入所する。彼女はこの研究所で働きながら飛行訓練を続け、昭和八年(一九三三)二等飛行機操縦士試験に合格し、日本初の水上飛行機パイロットとなった。ちなみに日本初のパイロットとされる兵頭精《ひょうどうただし》が操縦士免許を取得したのは大正十一年(一九二二)のことである。

航空免状を取得した年の十月十五日、キクは郷土訪問飛行を実行。愛知から美保《みほ》の根岸《ねぎし》飛行場、東京・羽田《はねだ》の水上飛行場を経て、合計七時間の飛行のすえ故郷の利根川・坂東大橋《ばんどうおおはし》付近に着水した。この郷土訪問では地元から初めての女性飛行家誕生ということで大歓迎を受けたが、なかでもキクを喜ばせたのはかつて勤務した神保原小学校の教え子たちとの再会であったという。

さらに翌昭和九年(一九三四)には陸上機の免許を取得し、同年十月二十二日、満州《まんしゅう》(現中国東北部)訪問飛行に飛び立った。女性として初めての航空機による日本海横断である。羽田から「白菊号《しらぎく》」を駆って箱根を越え、浜松、大阪、福岡を経由し二十七日ついに玄界灘《げんかいなだ》を横断。韓国の蔚山《ウルサン》、京城《けいじょう》(現ソウル特別市)を経て十一月四日に最終目的地である満州の新京《しんきょう》(現長春市《チャンチュン》)に到着する。

この間キクは幾度もトラブルに見舞われ、特に蔚山・京城間では燃料不足から夜間、暗闇の中での不時着も経験している。それでも計画を完遂したのは、この満州訪問飛行が朝鮮出身の先輩飛行士・朴敬元《パクギョンウォン》の念願だったためである。朴もこの前年、東京から満州を目指し飛び立ったものの、箱根で墜落事故を起こし死亡していた。

偉業を達成したキクに対し翌昭和十年(一九三五)、パリの国際航空連盟は日本女性初の海外飛行を讃え「ハーモン・トロフィー」を贈っている。この賞は大西洋横断無着陸飛行を成功させたアメリカの飛行家、チャールズ・リンドバーグらも受賞した権威あるものであった。続いて昭和十二年(一九三七)七月二十三日、キクは樺太《からふと》(現サハリン)を訪問するため「第二白菊号」で羽田の東京飛行場を飛び立った。仙台・青森・札幌を経由する飛行ルートである。

ところが機が津軽海峡にさしかかったとき、折からの濃霧と雨で冷え切ったエンジンが故障し、海峡のほぼ中央で不時着を余儀なくされたのである。幸いにも近くを貨物船稲荷丸《いなりまる》が通りかかる。キクはエンジンを切り滑空しながら船に近づき、船員に向かって〝いま降りますからお願いします〟と叫び着水。九死に一生を得た。

これを境に、キクの飛行家人生に暗雲が漂い始める。この年の七月七日に起こった蘆溝橋《ろこうきょう》事件に始まる日中戦争は日増しに拡大。日本は戦時一色となり、民間の飛行家が自由に空を飛べる時代は終わりを告げたのである。

それでもキクは空への夢を捨てきれず、陸軍省に飛行機による前線からの負傷兵輸送を申し出るが却下され、ついにキクの飛行家としての人生は閉ざされてしまった。

翌年キクは二十四歳で結婚し満州開拓団の一員として渡満するが、わずか三年後に夫を病気で失い、満州で再婚した二人目の夫は出征したまま行方不明。敗戦による引き揚げの途中で長男を亡くし、辛酸をなめ尽くして昭和二十一年ようやく埼玉へと帰り着いている。昭和二十三年(一九四八)、キクは上里町七本木村に入植。翌年シベリアに抑留されていた夫が帰還し、キクも農業のかたわら再び教員として働き始めた。

後年日本婦人航空協会の理事に迎えられたものの、二度と自ら飛行機を駆ることはなく、昭和五十四年(一九七九)帰らぬ人となっている。

Q63

川口はなぜ「鋳物の町」と呼ばれるようになったのか？

川口《かわぐち》といえば昭和三十七年（一九六二）に大ヒットした映画『キューポラのある街』でも描かれているように、古くから鋳物の町として知られてきた。

川口と鋳物の関係は、江戸時代にまでさかのぼる。徳川家康《いえやす》は江戸に入ると全国各地から多くの鋳物師を呼びよせ、関東にいくつもの鋳物師集団ができあがった。川口は荒川の川砂、粘土が鋳型の材料に適していたことと、船による製品の運搬が容易だったため、鋳物師集団が住み着くようになったのである。主な生産品は鍋や釜などの日用品が中心であったが、幕末になると外国からの侵略に備えて幕府や全国の大名から大砲（砲身）の注文が数多く舞い込み、大いに潤ったという。

維新後、川口の鋳物師集団はいち早く近代的な洋式の鋳物製造の技術を導入。関東の多くの鋳物師集団が消滅する中、近代化に成功した川口だけが鋳物の町として生き残り発展を遂げたのである。

西洋式の鋳物製造は日本の技術と比べて鋳型作りが容易で、大量生産に適していた。また明治期には機械部品など精密さを求められる製品の需要が増えたため、新技術を導入した川口がそれを一手に引き受ける形となったのである。

日清・日露両戦役によって軍需製品の発注も増加した。高い精度と大量の需要に応えるために鋳型技術はさらに向上し、分業化も進められ、川口は全国に知られる「鋳物の町」へと変貌を遂げて行ったのである。

戦後の混乱からも朝鮮戦争による需要増加で息を吹き返し、昭和三十～四十年代に入るとさらに生産量が増大。昭和四十年（一九六五）の二二万トンから、同四十五年に三七万七〇〇〇トン、四十八年には四〇万七〇〇〇トンと、わずかの間に倍以上の伸びを示している。しかし昭和四十八年に日本を襲ったオイルショックによって景気は一気に冷え込み、以後鋳物産業は急速に衰退へと向かう。多くの工場が閉鎖に追い込まれたり、海外へ生産拠点を移した。しかし今でも特殊な材料を使いこなす技術や複雑な製品作りには定評があり、「鋳物の町・川口」は健在なのである。

Q64

大宮はなぜ「鉄道の町」になったのか?

大宮《おおみや》は、「鉄道の町」である。二〇〇七年五月には、さいたま市大宮区大成町《おおなりちょう》に鉄道博物館が開館した。この博物館はJR東日本が創立二十周年記念事業として建設したもので、日本はもとより世界の鉄道遺産・資料を保存している。館内には日本の鉄道の変遷を実物車両の展示によって紹介するコーナーや、約二百平方メートルのジオラマに敷設された大規模な鉄道模型、鉄道車両の運転シミュレーターなどさまざまな施設が備えられており、いまや鉄道ファンの〝聖地〟とまでいわれている。

しかし、鉄道博物館が完成するはるか以前から、大宮は操車場や車両の整備工場が集中する鉄道の町として知られていた。

その始まりは、明治十四年(一八八一)にまでさかのぼる。この年、日本初の私鉄である「日本鉄道会社」が設立されたのである。同社は東京・青森間への鉄道敷設を目的とし、二年後の明治十六年(一八八三)には早くも上野《うえの》・熊谷《くまがや》間の開業にこぎ着け、翌年には高崎《たかさき》まで延長する。しかし、このとき大宮には駅が設置されなかった。

このため地元の人々は関係各方面に働きかけ、明治十八年に東北線が引かれる際には高崎線との分岐点となる大宮駅の誘致に成功するのである。

日本鉄道会社はその後も品川・新宿・赤羽《あかばね》間を開業し、明治二十四年には上野・青森間の全線開通を完了した。このため大宮は鉄道交通の要所となり、車両整備の拠点を担うべく明治二十七年に日本鉄道大宮工場が建設される。

明治三十九年には大宮・川越《かわごえ》間に川越電気鉄道が開通。いわゆる〝チンチン電車〟が走り始めた。また大正十一年からは操車場《そうしゃじょう》が設置され、貨物列車の中継地点としても重要な位置を占めるようになる。さらに昭和四年には現在の東武《とうぶ》鉄道野田《のだ》線が開通し、大宮は北日本と関東以南をつなぐ鉄道の町として発展して行ったのである。

現在操車場は機能を停止し、大宮駅周辺は「さいたま新都心」として再開発が進められているが、首都圏への玄関口である鉄道の町・大宮の重要性は明治以来少しも変わっていない。

Q65

近代以降、秩父の武甲山の標高が低くなったのはなぜ?

秩父《ちちぶ》には叶山《かのうやま》、二子山《ふたごやま》など石灰岩《せっかいがん》を産出する山が多く、中でも秩父盆地の南東隅に位置する武甲山《ぶこうさん》は有数の産地として知られている。

徳川幕府が編纂《へんさん》し天保《てんぽう》元年(一八三〇)に完成した『新編武蔵風土記稿《しんぺんむさしふどきこう》』には、「この山は武蔵国第一の高山にて世に聞こえたる名嶽なり」とあり、日本武尊《やまとたけるのみこと》が東征の際に戦勝祈願のため甲冑をこの山に納めたという伝説が山名の由来と記されている。山頂にはかつて御嶽《みたけ》神社が鎮座し、周辺からは鐘楼《しょうろう》や楼門の跡も見つかっていることから、古くから信仰の対象とされてきたことがわかる。

また高山植物も豊富で、標高八〇〇メートル付近にあるチチブイワザクラ、ミヤマスカシユリなどの群落は「武甲山石灰岩特殊植物群落《とくしゅしょくぶつぐんらく》」として国の天然記念物に指定されている。

近代に入るとセメントの材料となる石灰岩の採掘が盛んになり、大正十三年(一九二四)には秩父セメントの工場が操業を開始。以後日本セメント、三菱鉱業セメントなども採掘を行った。昭和四十年代の高度経済成長期や昭和六十年代のバブル経済期には、建築ラッシュによりセメントの需要が急増。その結果石灰岩の採掘量も飛躍的に増大し、武甲山の姿にも変化が現れたのである。

明治三十三年(一九〇〇)当時の測量では、武甲山山頂部の標高は一三三六メートルと記録されている。ところが長年にわたる石灰岩の採掘により山頂が削り取られたため、昭和五十二年(一九七七)に山頂の三角点を一二九五メートルの地点まで移動。以後二十五年間はこれが武甲山の標高とされていた。

バブル経済の崩壊でセメント需要が低下し採掘が一段落したため、国土地理院が改めて調査を行ったところ、一三〇四メートルが現在の最高地点と判明。平成十四年(二〇〇二)に標高値の訂正が行われた。

明治以降、四一メートル下がり九メートル上がって、差し引き三二メートル低くなった武甲山。かつての信仰の山も、人間の営みの前には屈するしかなかったのである。

Q66

武者小路実篤が作った理想郷「新しき村」とはどんな村？

雑誌『白樺《しらかば》』を創刊し日本の文学界に新風をもたらした武者小路実篤《むしゃのこうじさねあつ》。明治・大正・昭和の文壇に君臨した小説家である。

もともとトルストイの人道主義に影響されて小説家となった実篤は、大正七年（一九一八）農業共同体の設立を志し、宮崎県児湯《こゆ》郡木城《きじょう》村（現木城町《きじょうちょう》）に移り住んだ。

この共同体は「新しき村」と名付けられ、全国から四十名ほどが参加。実篤の人道主義的理想が色濃く反映されており、個人を尊重しつつ生活を保障するため農業労働を義務とし、その余暇を芸術活動などに費やすという理想郷の建設を目指していた。

実篤はこの村について「一言で云えば皆が協力して共産的に生活し、そして各自の天職を全《まっと》うしようと云《い》うのだ。皆がつまり兄弟のようになってお互いに助けあって、自己を完成するようにつとめようと云うのだ」と書いている。しかし、あまりに理想的な彼の考え方や行動には批判も多く、「空想的に過ぎる」と揶揄《やゆ》する声も多かったという。

これらの批判にもめげず実篤は三十三歳で新たな生活に飛び込み、自らも家屋の建設や農作業といった肉体労働に汗を流しながら、代表作となる『幸福者《こうふくしゃ》』や『友情』などを執筆している。村では芸術家の卵たちによる芝居や音楽祭も催され、発電施設や印刷所も開設された。しかし当初は自活にはほど遠く、実篤の原稿料収入が村の財政を支えているのが実態だった。大正十四年（一九二五）実篤は老いた病身の母親と同居するため村を離れ、以後は村外から経済的支援を行っている。

昭和十四年（一九三九）、新しき村はダム建設のため移転を余儀なくされた。このとき移転先に選ばれたのが「東の村」と呼ばれた埼玉県入間《いるま》郡毛呂山町《もろやままち》である。

初期の新しき村は実篤の原稿料や印税収入なしには存続できない状況であったが、戦後は自活の体制が整い、昭和二十三年には財団法人として再出発。今もなお稲作や養鶏などを行いつつ存続されており、村内には実篤の書画や関係資料を展示する『新しき村美術館』が設置され、実篤の理想を現代に伝えている。

Q67 二・二六事件に参加した兵士はなぜ、埼玉県出身者が多かったのか?

昭和十一年(一九三六)二月二十六日早朝、陸軍の青年将校グループによるクーデター「二・二六事件」が発生する。彼らは腐敗した政党政治を強く批判し、時の権力者たちを天皇陛下の側にありながらこれを惑わす〝君側の奸〟と決めつけ、部隊を率いて決起。首相官邸や警視庁、新聞社などを襲撃し、斎藤実《まこと》内大臣《ない》、高橋是清《これきよ》大蔵大臣、渡辺錠太郎《じょうたろう》教育総監《そうかん》らを殺害した。

反乱軍は在京の歩兵第一、第二連隊、近衛《このえ》歩兵第三連隊の兵約千五百名を動員し永田町《ながたちょう》一帯を占拠したため、翌二十七日には戒厳令《かいげんれい》が公布されている。当初は青年将校グループに同情的だった陸軍上層部も昭和天皇の怒りに触れて鎮圧に乗り出し、約二万四千の兵を動員してこれを包囲。二十九日になってようやく鎮圧に成功した。

この昭和史に残るクーデターに動員された兵士約千五百名のうち、実に半数以上が埼玉県出身者で占められていたのである。

当時の陸軍の管区には師団管区《しだんかんく》、旅団管区《りょだん》の下に位置する「連隊区」という区分があり、この連隊区が管轄する地区が県や郡市を単位に定められていた。

東京に置かれた連隊では、麻布《あざぶ》連隊区が埼玉県の川越《かわごえ》市・入間《いるま》郡・比企《ひき》郡・秩父《ちちぶ》郡を、本郷《ほんごう》連隊区は浦和《うらわ》市（現さいたま市）・川口市・北足立《きたあだち》郡・児玉《こだま》郡・大里《おおさと》郡・北埼玉郡・南埼玉郡・北葛飾《きたかつしか》郡を管轄する。

徴兵によって陸軍の歩兵連隊に入隊する場合、麻布連隊区が管轄する川越市出身の兵は歩兵第一連隊に、本郷連隊区が管轄する浦和市出身の者は歩兵第三連隊に入隊することと定められていたのである。

反乱に参加した兵は出動の際も目的や行き先、行動の意味など一切知らされておらず、ただ上官の命令に従っただけのことであった。しかし事件後の兵たちへの風当たりは強く、第一、第三連隊はこの後満州《まんしゅう》（現中国東北部）へ送られ、日中戦争から太平洋戦争にかけて不自然なまでに幾度も動員されているのだ。常に最前線に送られた埼玉県出身の兵たちは、その多くが異国の地で命を落としている。

Q68 古墳時代の遺跡「吉見百穴」の地下になぜ軍需工場が作られたのか？

吉見町《よしみまち》の丘陵斜面にある多数の横穴「吉見百穴《よしみひゃくあな》」は、六世紀末から七世紀の古墳時代に作られた横穴墓である。確認されているだけでも二百十九の横穴があり、大正十二年（一九二三）に国の史跡に指定されている。

この横穴の地下には、太平洋戦争中に作られた大規模な軍需工場の跡が今でも残されている。

太平洋戦争も末期になると、多くの工場がアメリカの空襲を受け、日本の生産力は極端に低下していた。なかでも航空機製造を始めとする軍需工場はピンポイントで空襲を受けていたため、軍ではこの場所に陸軍の戦闘機「隼《はやぶさ》」や夜間戦闘機「月光《げっこう》」を生み出した中島飛行機《なかじまひこうき》株式会社を移転させる計画を立てたのである。

当初は東京にあった中島飛行機の武蔵野《むさしの》製作所を移転させる計画であったが、三度にわたる空襲を受け武蔵野製作所は壊滅状態に追い込まれた。そこで同じく中島飛行機の大宮製作所がこの地へ移転することになり、昭和十九年(一九四四)から翌年にかけて急ピッチで工事が進められたのである。

現在は地下トンネルの一部が公開され、百穴と並び観光資源として活用されている。軍需工場の場所に選ばれたのは松山城から岩粉坂にいたる約一三〇〇メートルの部分で、工区は「松山城跡下」「百穴下」「百穴の北側」「岩粉山近辺」のそれぞれ独立した四工区に分かれていた。戦況が逼迫するなか、工事には約三千人の朝鮮人労働者を始め多くの人員が投入されたという。

計画では延べ面積一万坪の工場が地下に作られることになっていたが、松山城跡下では固い岩盤が現れるなど工事は難航。ダイナマイトを使用し、落盤の危険にさらされながらの危険な工事が続いた。それでも昭和二十年の七月には機材が搬入され、部分的にではあるが製造が開始されたのだが、工場が稼働を始めてわずかひと月で終戦を迎え、地下工場は無用の長物と化したのである。

現在は地下トンネルの一部が公開され、百穴と並ぶ観光資源として活用されている。

Q69

なぜ熊谷市は終戦前日に米軍の大空襲を受けたのか？

太平洋戦争中、日本全国の都市はアメリカによる無差別爆撃の戦渦にさらされた。その対象は軍施設や軍需工場ばかりではない。民間人を殺傷し労働力を削ぐと同時に戦意を喪失させ、日本の戦争遂行能力を奪うために、人口が集中する都市を中心に手当たり次第の爆撃が行われた。

空襲は、終戦を迎える昭和二十年（一九四五）八月十五日の前日、十四日まで行われている。そしてその最後の標的となったのが、埼玉県熊谷《くまがや》市だったのである。

八月十四日、日本本土空襲のための前線基地となっていたマリアナ諸島テニアン島基地を飛び立った爆撃機B29は約二百五十機であった。

うち約百五十機は鹿島灘《かしまなだ》方面から、第二陣の約百機は鹿島灘および銚子《ちょうし》方面から関東地方を襲い、熊谷のほかに高崎《たかさき》、小田原などを爆撃したのである。

この日の午後十一時四十分頃、突如熊谷上空に八十二機のアメリカ軍爆撃機が飛来。高性能爆弾一二トン、焼夷弾五八一トンを使用した容赦のない爆撃により、実に市街の七〇パーセントが焼け野原となっている。

昭和二十三年の記録によれば、死者二百三十四名、重軽傷者三百五十名。建物の焼失三六三〇戸とされている。埼玉県では他にも大宮《おおみや》市、浦和《うらわ》市(以上現さいたま市)、川口市、川越《かわごえ》市などがこれ以前に空襲を受けているが、熊谷の被害は突出している。例えば大宮市の空襲による死者は十名、川口市は十七名であったという。

なぜ熊谷だけがこれほどの大規模空襲の対象となったのであろうか?

熊谷には大規模な軍事施設もなければ、軍需工場も存在していない。県庁所在地でもなく、埼玉県内では比較的大きな都市ではあるが、熊谷以上に人口が密集している都市は他にもあり、不自然さが際立っている。

すでにポツダム宣言の受諾が連合国側に通告され、終戦の詔勅《しょうちょく》の発表(玉音放送《ぎょくおん》)まで残り約十二時間。日本の敗北が決定的な段階での大規模攻撃がなぜ行われたのか、理由はいまだ明らかになっていない。

Q70

すぐれた経営者に贈られる渋沢栄一賞とは？

埼玉県出身の実業家といえば、誰もが最初に渋沢栄一《しぶさわえいいち》を思い浮かべるだろう。言わずと知れた、明治・大正・昭和実業界の大立者である。

渋沢は天保《てんぽう》十一年（一八四〇）、武蔵《むさし》国榛沢《はんざわ》郡血洗島《ちあらいじま》村（埼玉県深谷《ふかや》市）で名主を務める豪農の子として生まれた。幕末の一時期、尊皇攘夷《そんのうじょうい》運動に参加。その後元治《げんじ》元年（一八六四）御三卿《ごさんきょう》の一橋《ひとつばし》家に仕え、同家の財政担当者として頭角を現した。慶応《けいおう》二年（一八六六）一橋慶喜《よしのぶ》が将軍職を継ぐと同時に幕臣に取り立てられ、翌年パリ万国博覧会のため組織された遣欧使節団に同行してヨーロッパを歴訪している。この外遊で近代的な経済・経営に開眼した渋沢は、維新後大蔵省に入省。国立第一《こくりつだいいち》銀行設立などに尽力したあと、明治六年（一八七三）辞任。実業の世界に身を投じた。

渋沢が設立に関わったり、資金協力や経営の指導・援助を行った企業は枚挙にいとまがない。銀行や保険会社を始めとし、紡績、製紙、海運、陸運、サービス業にいたるまで、あらゆる企業を生み出し、育てたのち独り立ちさせている。

彼の目的は金銭的な成功にはなく、欧米列強に対抗しうる近代産業を育成することにあった。商工業の発達こそが日本の独立を守り、国際社会と対等に渡り合うための手段であると確信していたのである。

このため渋沢は東京商法会議所、東京商工会、東京商業会議所といった経済団体の会頭を数多く務めて実業界の指導に当たり、同時に東京高等商業学校、高千穂学校、大倉《おおくら》高等商業学校といった多くの学校を設立して実業教育の普及に努めている。

また故郷埼玉に関わりの深い秩父セメントや秩父《ちちぶ》鉄道、武州《ぶしゅう》銀行といった企業の設立にも大きく関与しているのである。

埼玉県では渋沢の功績を顕彰するため、渋沢の精神を受け継ぐ全国の企業経営者に贈る渋沢栄一賞を設立。平成十四年(二〇〇二)に第一回の受賞者を選出し、以後も創意工夫に優れた新しい技術を持つ企業や、社会貢献に熱心に取り組む経営者などに贈られている。

もっと知りたい歴史こばなし ⑤

武蔵国時代には存在しなかった未確定県境

埼玉県と東京都との間には、いまだ境界未定地域が残っている。具体的には埼玉県三郷市《みさと》と東京都葛飾区《かつしか》との間の65平方キロの土地である。「小合溜《こあいだめ》」の水面部分および天王橋から江戸川に至る新川部分について、現在でも境界が確定していないのである。三郷市側の主張は、小合溜および新川の境界は河川上の中央であるというものである。対して葛飾区のほうは、従来から小合溜は葛飾区の区域に包含されていて、小合溜および新川の三郷市側の水際に沿って境界が存在すると考えられているようである。ようは三郷市側には水面はないとの主張である。小合溜（小合溜井《ためい》ともいう）は、見沼代用水《みぬまだいようすい》で知られる治水家・井沢為永《いざわためなが》に享保《きょうほう》14年（1729)、灌漑用水を調整する遊水池として、八代将軍徳川吉宗《よしむね》が開削させたものである。なぜこうした問題が残っているのか、歴史的経緯はよくわからない。都会のなかにある風光明媚な水郷公園である都立水元公園や対岸の埼玉県立みさと公園を見るにつけ不思議である。

あなたの知らない
埼玉県の歴史
◆
資料篇

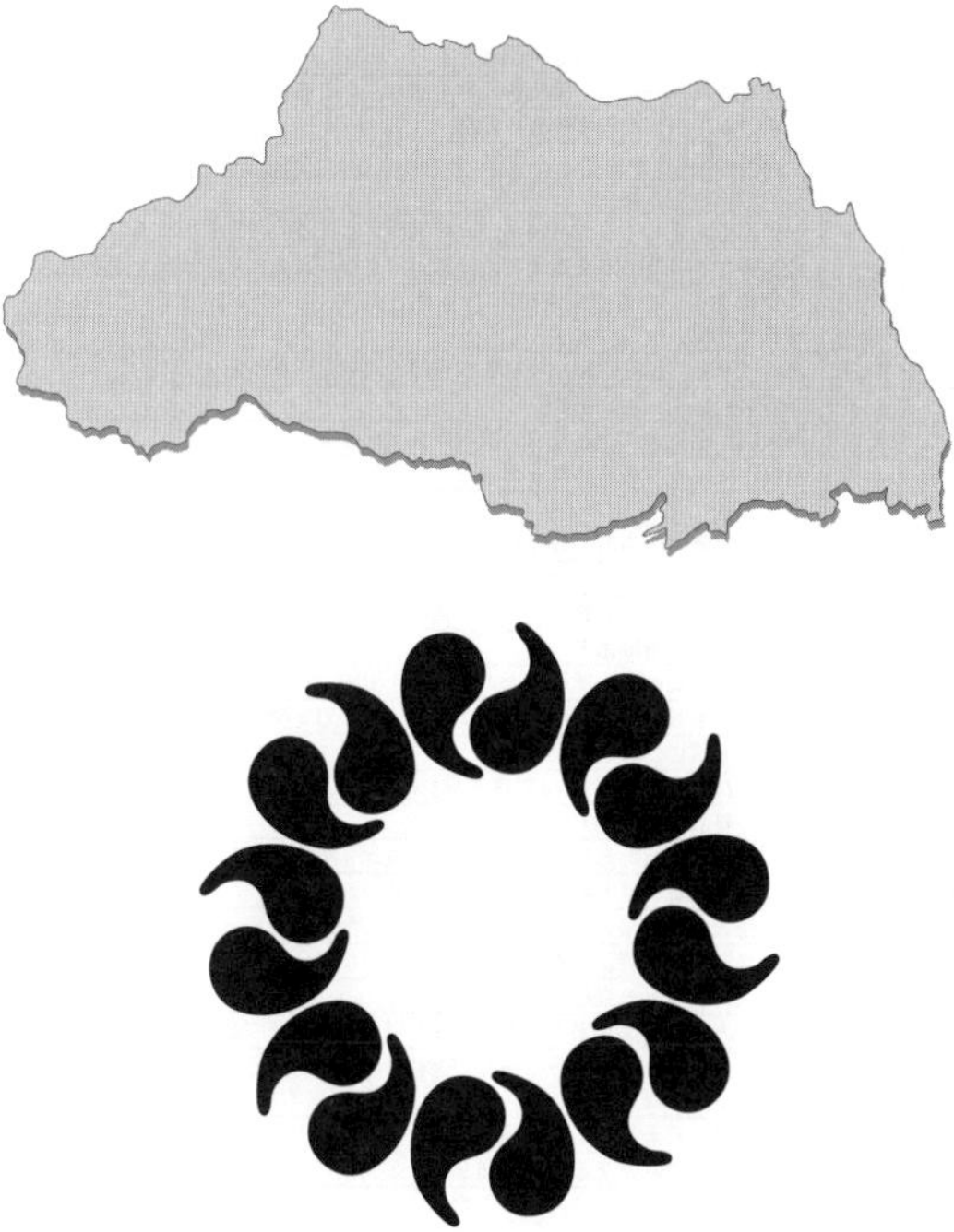

埼玉県章

埼玉県の歴史略年表

年号	西暦	できごと
	6世紀	埼玉古墳群が出現
	471	ヲワケ臣が大和のワカタケル大王に仕える
安閑元	534	笠原氏が国造職をめぐって内紛（武蔵国造の乱）
舒明5	633	物部連兄麻呂が武蔵国造となる
大化元	645	武蔵1国となり、国司を派遣
天武13	684	百済の僧尼など23人を武蔵国に移す
持統元	687	新羅の僧尼22人を武蔵国に移す
持統4	690	新羅人12人を武蔵国に移す
大宝元	701	大宝律令施行。武蔵に国郡制施行
和銅元	708	秩父郡が自然銅を献上
和銅3	710	平城京遷都
霊亀2	716	東国7か国の高麗人1799人を武蔵国に移し、高麗郡を置く
天平13	741	国分寺造営の詔
天平宝字2	758	新羅僧など74人を武蔵国に移し、新羅郡を置く
天平神護2	766	武蔵国氷川神社に封戸3戸を与える
神護景雲元	767	杖部不破麻呂ら6人武蔵宿禰の姓を賜り、不破麻呂が武蔵国造となる
宝亀2	771	武蔵国が東山道から東海道に転属
延暦13	794	平安京遷都
天長7	830	喜多院（川越大師）・中院開創
承和12	845	前男衾郡大領・壬生吉志福正が武蔵国分寺七重塔の再建費用を寄付
天慶元	938	武蔵権守・興世王と武蔵介・源経基が足立郡に乱入、足立郡司・武蔵武芝が平将門を頼る
天慶3	940	平将門戦死
治承4	1180	源頼朝挙兵。足立遠元、再起中の頼朝の武蔵入りを出迎える
建久元	1190	鎌倉幕府成立（諸説あり）
建久3	1192	源頼朝、征夷大将軍となる。熊谷直実、所領裁判
建久5	1194	幕府が大田庄の堤防修理を命じる
承久3	1221	承久の乱
嘉禄3	1227	最古の板碑が江南町に建てられる
寛喜2	1230	北条泰時が大田庄の開墾を命じる
寛喜4	1232	北条泰時が榑沼堤の修理を左近入道道然に命じる
文暦3	1234	秩父三十四か所開創？
仁治2	1241	北条泰時が武蔵野の灌漑のため多摩川を掘削
嘉暦4	1329	秩父郡を本貫とする大河原時基が備前長船に刀を発注し、播磨広峰神社に奉納
元弘3	1333	鎌倉幕府滅亡、鎌倉府設置
建武3	1336	足利尊氏が幕府を開き、「建武式目」制定
観応元	1350	観応の擾乱
観応2	1351	足利直義方だった高麗経澄が尊氏方に寝返り挙兵
文和元	1352	新田義宗が足利勢と戦う（小手指原の戦い）
文和2	1353	足利基氏を入間川に派遣し御所を置く（入間川御所）
貞治2	1363	上杉憲顕が関東管領に再任（以後上杉氏が世襲）
応安元	1368	秩父氏による平一揆起こる
享徳3	1454	鎌倉公方・足利成氏が上杉憲忠を鎌倉で謀殺（享徳の乱勃発）
康正元	1455	鎌倉公方・足利成氏が分倍河原で上杉憲顕・長尾景春と戦う。鎌倉公方が下総古河に移る（古河公方）
長禄元	1457	太田道真・道灌父子、岩槻築城？
応仁元	1467	京都で応仁の乱始まる（〜文明9年）
文明3	1471	長尾景信・景春父子、河越城を攻撃
文明5	1473	長尾景春、白井城主となる。景春、鉢形築城
文明8	1476	長尾景春、五十子の山内上杉顕定を攻める（長尾景春の乱）
文明9	1477	太田道灌、五十子を奪還
文明10	1478	足利成氏と上杉方が和睦し、享徳の乱終結（都鄙和睦）。成田自耕斎岩槻築城？

文明 17	1485	漢詩人・万里集九を太田道灌が招く
文明 18	1486	太田道灌暗殺。聖護院門跡道興が武蔵下向
永正 6	1509	連歌師・宗長が忍城を訪問
大永 4	1524	北条氏綱、江戸城を攻略
大永 5	1525	北条氏綱、岩付（槻）城を攻略。白子浜合戦
天文 6	1537	北条氏綱、松山城を攻略
天文 15	1546	河越夜戦、扇谷上杉氏滅亡
天文 16	1547	太田資正、松山城奪還
永禄 4	1561	長尾景虎（上杉謙信）が関東管領に就任
永禄 7	1564	太田氏資が北条氏と結ぶ
永禄 10	1567	太田氏資戦死、北条氏が岩槻城接収
天正元	1573	室町幕府滅亡
天正 10	1582	本能寺の変
天正 12	1584	大道寺政繁、坂戸宿を開く
天正 18	1590	小田原北条氏滅亡、忍城開城。松平家忠、忍城に入る。徳川家康関東入封
文禄 3	1594	家康が利根川の東遷工事を命じる
慶長 4	1599	天海が北院（喜多院）の住職となる
慶長 5	1600	関ヶ原の戦い
慶長 8	1603	徳川家康が征夷大将軍就任（江戸開府）
慶長 9	1604	家康が越谷御殿を建設（明暦 3 年解体江戸城二の丸に移築）。関東郡代・伊奈忠次が備前渠用水を開削
元和 7	1621	赤掘川の開削開始（承応 3 年完成）
寛永 6	1629	安立郡赤山に関東郡代・伊奈忠治が陣屋を設ける。見沼溜井できる
寛永 15	1638	川越大火
寛永 16	1639	松平信綱が川越藩主となる
享保 12	1727	見沼溜井の干拓始まる（翌年完成）
享保 16	1731	見沼通船堀開削
天明 3	1783	浅間山が噴火、備前渠用水に被害
寛政 5	1793	『群書類従』の刊行始まる（文政 2 年終了）
天保元	1830	『新編武蔵風土記稿』完成
天保 12	1841	春日部市の大凧あげ始まる？
慶応 2	1866	武州一揆起こる
慶応 3	1867	パリ万博に清水卯三郎が芸者 3 人を同行。大政奉還、王政復古の大号令
明治 4	1871	廃藩置県、忍・岩槻・浦和県が統合され、埼玉県・入間県となる
明治 5	1872	富岡製糸場を設立
明治 6	1873	入間県が群馬県に統合され熊谷県となる
明治 9	1876	埼玉県域が確定
明治 16	1883	日本鉄道会社の上野・熊谷間開業
明治 17	1884	秩父事件が起こる
明治 19	1886	荻野吟子が医業開業試験に合格し、女医第 1 号となる
明治 20	1887	坪井正五郎が吉見百穴を発掘調査
明治 27	1894	日本鉄道大宮工場建設
明治 39	1906	大宮・川越間に川越電気鉄道開通
明治 44	1911	所沢飛行場ができる
昭和 8	1933	西﨑キクが日本初の女性パイロットとなる
昭和 9	1934	西﨑キクが女性初の日本海横断飛行に成功
昭和 11	1936	2･26 事件勃発、埼玉県の兵士が多く参加
昭和 14	1939	武者小路実篤の「新しき村」が宮崎県から毛呂町に移転
昭和 19	1944	吉見百穴地下に軍需工場を建設
昭和 20	1945	熊谷市大空襲
昭和 43	1968	稲荷山古墳から鉄剣が出土（昭和 53 年銘文発見）
昭和 55	1980	八幡山古墳の発掘調査
平成元	2001	浦和・大宮・与野 3 市が合併し、さいたま市誕生
平成 14	2002	第 1 回渋沢栄一賞
平成 19	2007	さいたま市に鉄道博物館オープン
平成 20	2008	秩父鉄道黒谷駅が和銅黒谷駅に改称

上杉家略系図

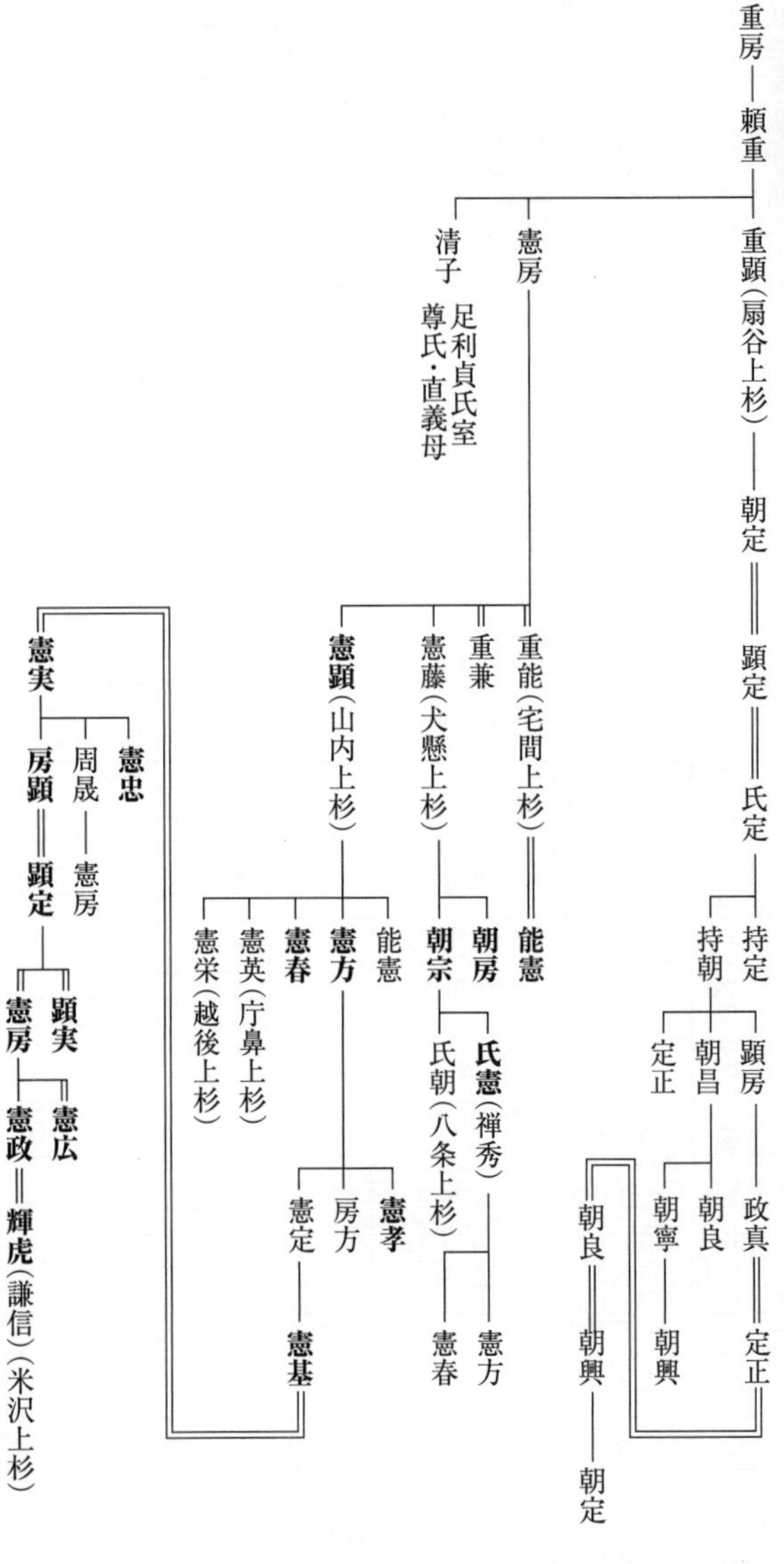

※太字は関東管領就任者

太田氏略系図

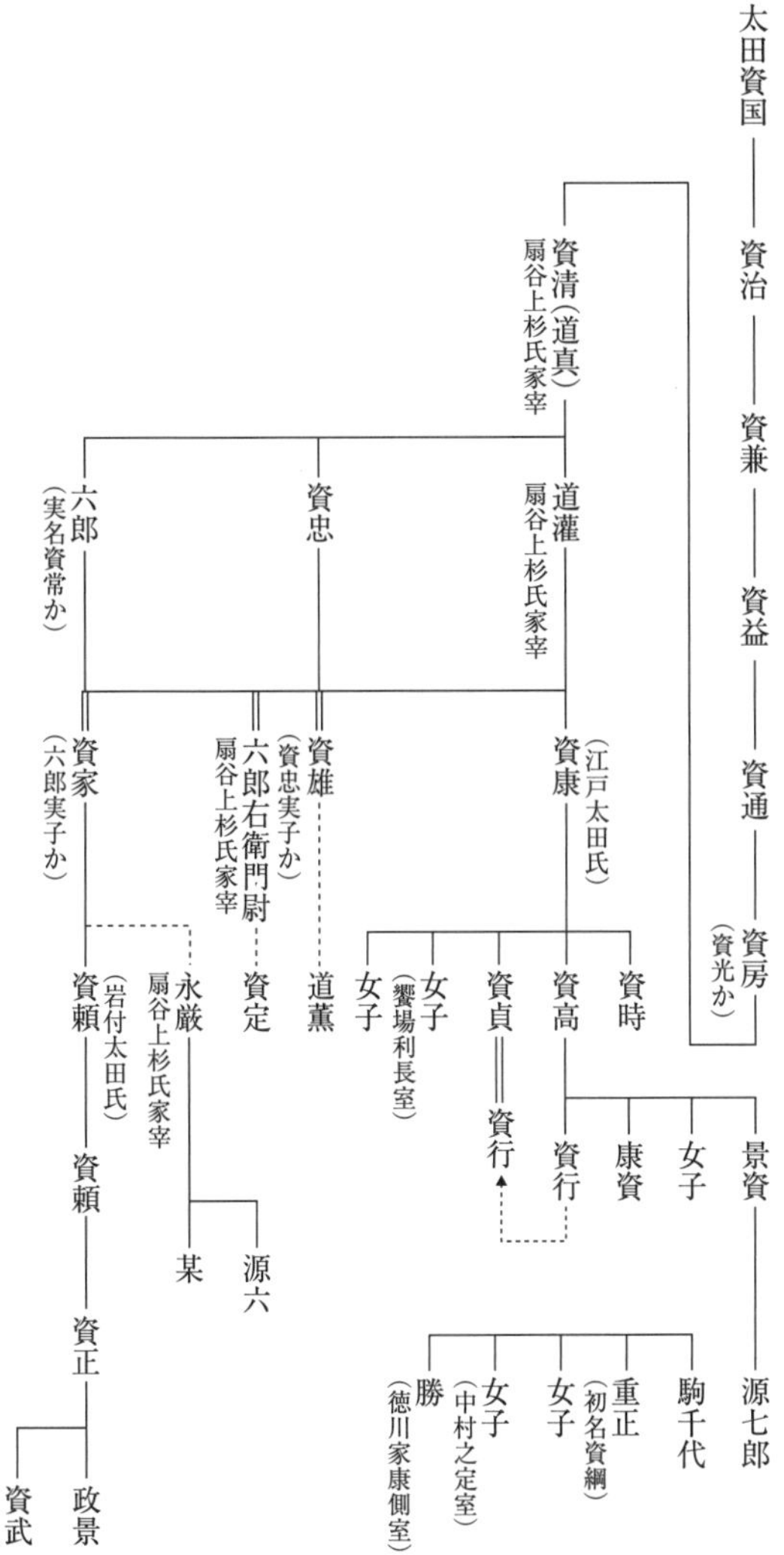

太田資国
資治
資兼
資益
資通
資房（資光か）
資清（道真）
扇谷上杉氏家宰
道灌
扇谷上杉氏家宰
資忠
六郎（実名資常か）
資康（江戸太田氏）
資雄（資忠実子か）
六郎右衛門尉
扇谷上杉氏家宰
資家（六郎実子か）
資時
資高
資貞
女子（饗場利長室）
女子
道薫
資定
永厳
扇谷上杉氏家宰
資頼（岩付太田氏）
景資
女子
康資
資行
資行
源七郎
駒千代
重正（初名資綱）
女子
女子（中村之定室）
勝（徳川家康側室）
源六
某
資頼
資正
政景
資武

※太田氏の系図には諸説あり

※数字は藩主在任（最後の藩主には藩知事任期も含む）、地名の上は旧領・下は転封先
――がないものは転封により他家が入ったことを示す

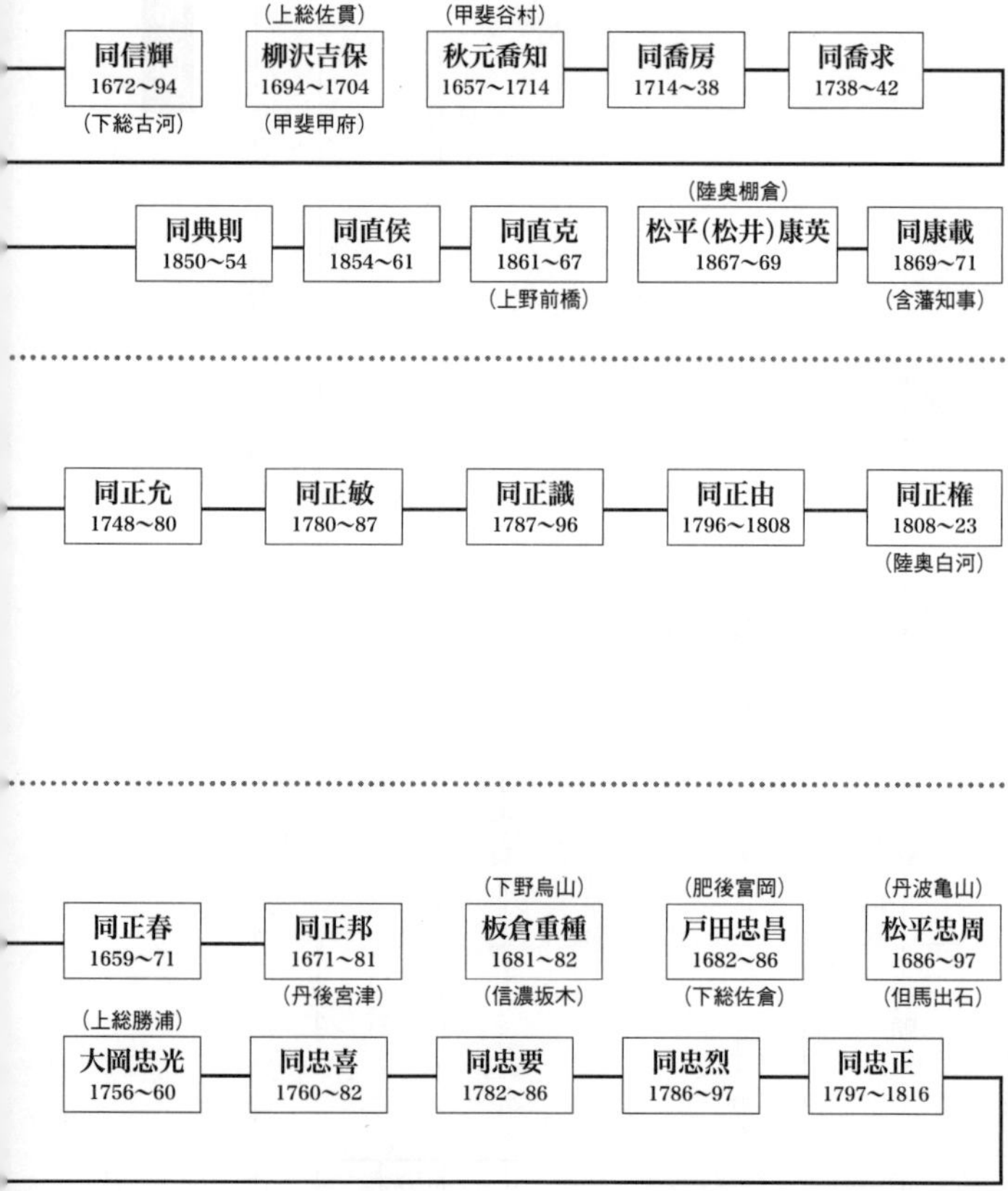

埼玉県にあった諸藩の藩主変遷

〔川越藩〕

- 酒井重忠 1590〜1601（上野厩橋）
- （駿河田中）酒井忠利 1609〜27
- 同忠勝 1627〜34（若狭小浜）
- 堀田正盛 1635〜38（信濃松本）
- （武蔵忍）松平信綱 1639〜62
- 同輝綱 1662〜72
- 同涼朝 1742〜67（出羽山形）
- （播磨姫路）松平朝矩 1767〜68
- 同直恒 1768〜1810
- 同直温 1810〜16
- 同斉典 1816〜50

〔忍藩〕

- 松平忠吉 1592〜1600（尾張清洲）
- 松平信綱 1633〜39（武蔵川越）
- （下野壬生）阿部忠秋 1639〜71
- 同正能 1671〜77
- 同正武 1677〜1704
- 同正喬 1704〜48
- （伊勢桑名）松平（奥平）忠堯 1823〜38
- 同忠彦 1838〜41
- 同忠国 1841〜63
- 同忠誠 1863〜69
- 同忠敬 1869〜71（含藩知事）

〔岩槻藩〕

- 高力清長 1590〜1600
- 同忠房 1600〜19（遠江浜松）
- （常陸江戸崎）青山忠俊 1619〜23（上総大多喜）
- （相模小田原）阿部正次 1623〜38
- 同重次 1638〜51
- 同定高 1651〜59
- （三河吉田）小笠原長重 1697〜1710
- 同長熙 1710〜11（遠江掛川）
- （信濃飯山）永井直敬 1711〜11
- 同尚平 1711〜14
- 同直陳 1714〜56（美濃加納）
- 同忠固 1816〜52
- 同忠恕 1852〜66
- 同忠貫 1866〜71（含藩知事）

埼玉県の成立年表

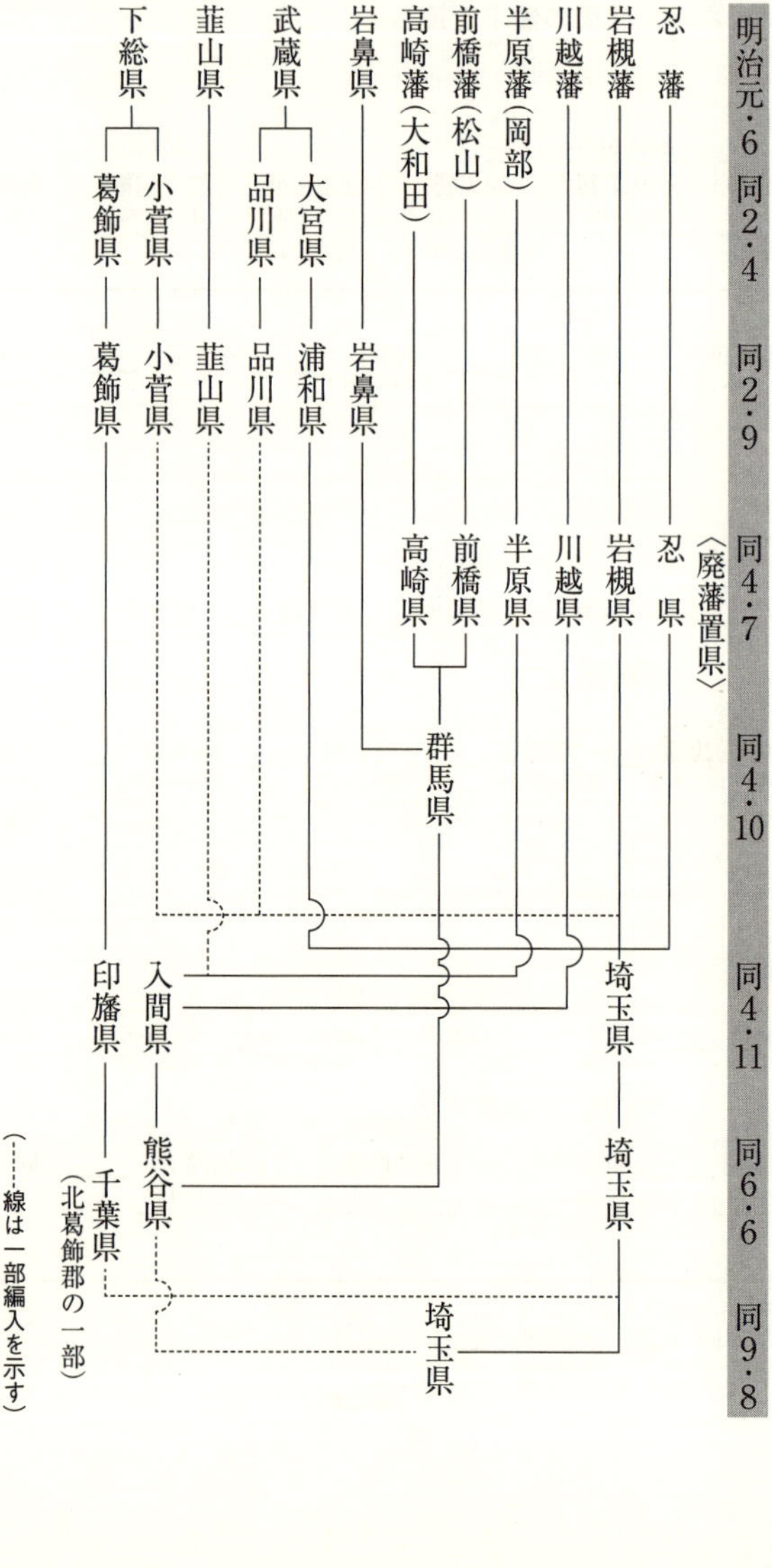
明治元・6
同2・4
同2・9
同4・7〈廃藩置県〉
同4・10
同4・11
同6・6
同9・8
忍 藩
岩槻藩
川越藩
半原藩(岡部)
前橋藩(松山)
高崎藩(大和田)
岩鼻県
武蔵県
韮山県
下総県
大宮県
品川県
小菅県
葛飾県
岩鼻県
浦和県
品川県
韮山県
小菅県
葛飾県
忍 県
岩槻県
川越県
半原県
前橋県
高崎県
群馬県
埼玉県
入間県
印旛県
埼玉県
熊谷県
千葉県
(北葛飾郡の一部)
埼玉県
(----線は一部編入を示す)

埼玉県基本データ

面積	3,798.13㎢(境界未定部分あり)〈2011年〉
総人口	7,204,761人〈推計人口2012年2月1日現在〉
人口密度	1,894人/㎢〈2011年12月現在〉
隣接都道府県	7
県庁所在地	さいたま市
政令指定都市数	1(さいたま市)
市町村数	70(市40・町29・村1)〈2009年3月31日現在〉
県内総生産	20,431,114〈単位:百万円。2009年度〉
県花	サクラソウ
県木	ケヤキ
県鳥	シラコバト
県魚	ムサシトミヨ
県蝶	ミドリシジミ
県章	勾玉16個を円形に並べたもの(p181トビラ参照)
県マスコット	コバトン
県歌	埼玉県歌
県民の日	11月14日
県愛称	彩の国

【参考文献】

岸谷誠一校訂『平治物語』（岩波文庫、一九三四年）／龍粛訳註『吾妻鏡』（岩波文庫、一九三九～四四年）／金井塚良一『吉見百穴横穴墓群の研究』（校倉書房、一九七五年）／大村進・秋葉一男編『郷土史事典 埼玉県』（昌平社、一九七九年）／毎日新聞社浦和支局編『キューポラの街』（毎日新聞社、一九七九年）／日本の空襲編集委員会編『日本の空襲・二 茨城・栃木・群馬・埼玉・千葉・東京二十三区外』（三省堂、一九八〇年）／埼玉県県民部県史編さん室編『新編埼玉県史別冊 二・二六事件と郷土兵』（埼玉県史刊行協力会、一九八一年）／大村進・秋葉一男編『郷土史事典 埼玉県』（昌平社、一九八二年）／上横手雅敬著『平家物語の虚構と真実（下）』（塙新書、一九八五年）／『埼玉県史』通史編2（埼玉県、一九八八年）／蟹江征治（宇野俊一ほか編『日本全史（ジャパン・クロニック）』（講談社、一九九〇年）／埼玉県高等学校社会科教育研究会歴史部会編『新版 埼玉県の歴史散歩』（山川出版社、一九九一年）／小野文雄責任編集『図説 埼玉県の歴史』（河出書房新社、一九九二年）／小松茂美編集・解説『続日本の絵巻18 男衾三郎絵詞 伊勢新名所絵歌合』（中央公論社、一九九二年）／『見る・読む・わかる 日本の歴史 原始・古代から近現代まで』（朝日新聞社、一九九五年）／『特別展図録 太平記絵巻の世界』（埼玉県立博物館、一九九六年）／エムアールシー『郷土資料事典11 埼玉県 ふるさとの文化遺産』（ゼンリン、一九九七年）／地方史研究協議会編『地方史事典』（弘文堂、一九九七年）／『日本「姓氏由来」総覧』（新人物往来社、一九九八年）／田代脩・塩野博・重田正夫・森田武『県史11 埼玉県の歴史』（山川出版社、一九九九年）／梶原正昭・山下宏明校注『平家物語』（岩波文庫、一九九九年）／田代脩・塩野博・重田正夫・森田武『新版県史11 埼玉県の歴史』（山川出版社、一九九九年）／金井塚良一・大村進編『埼玉県の不思議事典』（新人物往来社、二〇〇一年）／埼玉県高等学校社会科教育研究会歴史部会編『歴史散歩11 埼玉県の歴史散歩』（山川出版社、二〇〇五年）／山本博文監修『ビジュアル NIPPON 江戸時代』（小学館、二〇〇六年）／吉田茂樹『日本歴史地名事典 コンパクト版』（新人物往来社、二〇〇六年）／黒田基樹『図説 太田道灌―江戸東京を切り開いた悲劇の名将―』（戎光祥出版、二〇〇九年）／森岡浩『県別名字ランキング事典』（東京堂出版、二〇〇九年）／田代脩・塩野博・重田正夫・森田武著『埼玉県の歴史 第二版』（山川出版社、二〇一〇年）／黒田基樹編『長尾景春』（戎光祥出版、二〇一〇年）／森岡浩『名字の謎』（筑摩書房、二〇一一年）／黒田基樹『戦国北条氏五代』（戎光祥出版、二〇一二年）

■監修者

山本博文（やまもと・ひろふみ）

1957年、岡山県生まれ。東京大学文学部国史学科卒業。文学博士。東京大学大学院情報学環・史料編纂所教授。専門は近世日本政治・外交史。『江戸お留守居役の日記』（読売新聞社、のち講談社学術文庫）で第40回日本エッセイストクラブ賞を受賞。主な著書に『武士と世間』（中公新書）、『切腹』『日本史の一級史料』（いずれも光文社新書）、『大奥学事始め』（NHK出版）、『学校では習わない江戸時代』（新潮文庫）、『日曜日の歴史学』（東京堂出版）などがある。

■執筆者（50音順）

春日和夫／岸祐二／中丸満／吉田渉吾／渡邊大門

■編集協力

三猿舎

新書 歴史

あなたの知らない埼玉県の歴史

発行日　2012年4月21日　初版発行

監修　山本博文©2012

発行者　江澤隆志

発行所　株式会社 洋泉社
東京都千代田区神田錦町1-7 〒101-0054
電話 03(5259)0251
振替 00190-2-142410 ㈱洋泉社

印刷・製本　錦明印刷株式会社
組　版　天龍社
装幀　ウエル・プランニング（神長文夫・松岡昌代）

落丁・乱丁のお取り替えは小社営業部宛
ご送付ください。送料は小社で負担します。
ISBN978-4-86248-912-8
Printed in Japan
洋泉社ホームページ http://www.yosensha.co.jp